Meiner Mutter
Hella Krupp
die bis zu ihrem Tode am 4. März 1995
am Entstehen dieses Buches
mit Rat und Tat teilgenommen hat.

Michael Krupp

Den Sohn opfern?

Die Isaak-Überlieferung bei Juden, Christen und Muslimen

Mit einem Vorwort von Emil L. Fackenheim

Chr. Kaiser
Gütersloher
Verlagshaus

Ein **NES AMMIM** Buch

Zum besseren Verständnis des Judentums und Israels

Die Deutsche Bibliothek – CIP-Einheitsaufnahme

Krupp, Michael:
Den Sohn opfern? : Die Isaak-Überlieferung bei Juden,
Christen und Muslimen / Michael Krupp. Mit einem Vorw. von
Emil L. Fackenheim. – Orig.-Ausg. – Gütersloh : Kaiser,
Gütersloher Verl.-Haus, 1995
   (Ein Nes Ammim Buch)
   ISBN 3-579-00289-9

ISBN 3-579-00289-9
© Chr. Kaiser/Gütersloher Verlagshaus, Gütersloh 1995

Umschlaggestaltung: Dieter Rehder, Aachen, unter Verwendung des Motivs »Isaaks Bindung«
aus dem Krakauer Talmuddruck von 1605
Gesamtherstellung: Weserdruckerei Rolf Oesselmann GmbH, Stolzenau
Printed in Germany

Inhalt

Geleitwort

Wie Abraham einst, so brachten die Juden Deutschlands vor 1933, und dann auch Europas, ein Kindesopfer dar, und dies durch den einfachsten Akt jü-disch-religiöser Treue, Kinder zu haben und sie als Juden zu erziehen. Da waren aber zwei Unterschiede zwischen ihnen und dem Erzvater: Sie wuß-ten nicht, was sie taten, und es kam keine Begnadigung.

Diese Worte schrieb ich 1967, als ich mich zum ersten Mal dazu bringen konnte, darüber nachzudenken, was der Holocaust religiös bedeutet, für Juden, welche die Katastrophe überlebt haben. Sie kamen mir neu in Erin-nerung, als ich darüber nachdachte, was Michael Krupps Buch »Den Sohn opfern?« bedeutet, genauer, was die Tatsache bedeutet, daß er ein Buch über die *Akeda*, die *Bindung* Isaaks, wie man im Judentum sagt, geschrie-ben hat, das an Deutsche christlichen Glaubens gerichtet ist. Das ist eine tiefere Frage, als manche denken möchten. Man kommt einer Antwort wohl nur dann näher, wenn man nicht nur bedenkt, daß er auch ein Deutscher christlichen Glaubens ist, sondern auch, daß seine Leser wohl hauptsäch-lich in Deutschland leben, er aber schon seit vielen Jahren in Jerusalem.

Warum lebt er in Jerusalem? Ein Hauptgrund unter vielen anderen ist der Wunsch, das Judentum von innen zu verstehen. Wäre das christli-cherseits durch die Jahrhunderte geschehen, dann hatte der Judenhaß nicht in der Religion der Liebe entstehen können, und so es einem widerstrebt, es zu sagen, muß man doch den Sprung machen und das Urteil fällen, daß der Kindermord in Auschwitz nicht hätte geschehen können. Man kann sich daher kaum etwas Sinnvolleres vorstellen als die Vermittlung des Judentums, von innen verstanden, an Deutsche christlichen Glaubens, und dies trotz der Tatsache, daß es nicht nur spät ist, sondern in vieler Hin-sicht zu spät.

Aber um das Judentum von innen zu verstehen, brauchte Michael Krupp nicht in Jerusalem zu leben. Warum tut er dies und lebt nicht, beispielsweise, in Brooklyn, in der Nähe der großen Chassidischen Gemeinde? Um mich dieser Frage zu nähern, wende ich mich dem Thema der *Akeda* zu, gleich-zeitig aber der Entscheidung eines gewissen Rabbiners namens Yitzhak Nissenbaum, der im Warschauer Ghetto lebte und lehrte. Unter dem Ein-druck dessen, was dort geschah, urteilte er maßgebend über zwei jüdische

Lehren, *kiddush ha-shem* und *kiddush ha-chayim* – die »Heiligung des göttlichen Namens« durch Märtyrertod und die »Heiligung des Lebens«. In der jüdischen Tradition hat letzteres kaum eine Rolle gespielt, der Märtyrertod aber um so mehr. So hat zum Beispiel Maimonides gelehrt, daß zwar kein Mensch den Märtyrertod suchen soll, denn das Leben ist selbst heilig, daß aber, wenn es keine Wahl gibt, wenn die einzige Alternative Abtrünnigkeit ist, *kiddush ha-shem* die höchste Stufe jüdischer Frömmigkeit ist. Der Rabbiner Nissenbaum wußte dies natürlich, dies und viel mehr. Trotzdem lehrte er das Folgende:

»Dies ist nicht eine Zeit für *kiddush ha-shem*, sondern für *kiddush hachayim*. In früheren Zeiten wollten sie unsere Seele, und wir gaben ihnen unseren Körper. Jetzt aber wollen sie sowohl Seele wie auch Körper, und darum müssen wir jüdisches Leben heilig halten und es verteidigen.«

Ich weiß nicht, ob der jüdische Aufstand im Warschauer Ghetto von dieser Maßgabe wußte. Aber die Kämpfer handelten, als ob sie es wußten. Zwar starben sie auch, denn der Aufstand war hoffnungslos, aber er war doch im Dienst jüdischen Lebens. Das wurde nach dem Krieg in einer Konferenz in Jerusalem von Yitzhak Zuckermann gesagt. Er war einer der wenigen, die den Aufstand überlebten. Er fragte, wieso sie es taten, wenn sie wußten, daß es für sie keine Hoffnung gab. Daß es für zukünftige jüdische Generationen war, sagte er den Anwesenden – der neuen Generation.

Wenn es eine Antwort auf Auschwitz überhaupt gibt, so ist die tiefste – gewiß fragmentarische wie alle anderen aber doch die tiefste – die jüdische Rückkehr nach Jerusalem. In dieser Rückkehr findet »Heiligung« jüdischen »Lebens« heute ihren tiefsten Ausdruck. Zwar ist Überleben noch immer eine dringende Aufgabe der Heiligung jüdischen Lebens, physisch gesehen: Die geistige Heiligung ist aber kaum weniger dringend, und deren Zentrum ist Jerusalem.

Dadurch, daß er in Jerusalem lebt, identifiziert sich Michael Krupp mit diesem Leben, mit dem Versuch es zu heiligen.

Was bedeutet das für die *Akeda*? Das hebräische Wort bedeutet »Bindung«, in Betonung der Tatsache, daß das Opfer nicht geschah. Immerhin war aber Abraham bereit, es zu vollziehen. Nach Auschwitz sollte selbst der frommste Jude noch dazu bereit sein?

Einst wurde ich in Jerusalem von einem jungen Mann besucht, dessen Förmmigkeit ich keinen Grund hatte zu bezweifeln: Er trug die schwarze Kleidung der Ultra-Orthodoxen. »Haben Sie je darüber nachgedacht, « frage er mich, »warum Gott selbst zu Abraham spricht, wenn Er ihm den Be-

fehl gibt, Isaak zu opfern, aber einen Engel sendet, um die Erlassung mitzuteilen?« Ich gab zu, darüber nicht nachgedacht zu haben. »Gott hat sich
über Abraham geärgert,« fuhr er fort. »Abraham hat die Prüfung nicht bestanden. Er ist durchgefallen. Als Er Abraham befahl, Isaak zu opfern, wollte
Er Abrahams Weigerung. Er wollte nicht ›Ja‹ sondern ›Nein‹«.

Emil L. Fackenheim

Vorwort

Dieses Buch ist aus einem Seminar des »Tübinger Vereins für theologische, politische und kulturbezogene Bildung, Prophezey« im Januar 1990 hervorgegangen. Das gewählte Thema hatte mich schon lange beschäftigt. Ich habe darüber vor verschiedenen Foren unterrichtet, in Jerusalem im Rahmen der Universität, vor den Studentinnen und Studenten des Ratisbonne- und Dormitio-Programms, in Deutschland vor Publiken evangelischer Akademien und vor Kirchengemeinden. Den größten Nutzen davon hatte wahrscheinlich immer ich. Ich habe jedesmal etwas dazu gelernt. So haben viele Köpfe zu diesem Buch beigetragen. Allen möchte ich für ihre Hilfe danken, besonders aber den Studierenden meines letzten Lehrkurses an der Hebräischen Universität Jerusalem und dem 16. Jahrgang von »Studium in Israel«, die sehr kritisch bei der Entstehung des Büchleins mitwirkten. Stellvertretend seien hier Annette Sommer, Barbara Wündisch und meine Assistentin Gabi Zander genannt. Kritisch durchgesehen haben das Manuskript Detlef Müller, Klaus Müller und Lothar Triebel.

Was ist das so Faszinierende an dieser Geschichte, die ja eigentlich zu den grausamsten des Alten Testaments gehört? Ein Vater wird aufgefordert, seinen Sohn zu schlachten. Daß es dann dazu nicht kam, ist kein Trost. Das Ansinnen an sich, das dreitägige Wandern mit diesen furchtbaren Gedanken im Herzen im Auftrag des einzigen Gottes, bleibt ungeheuerlich. Beeindruckend ist, mit welchem Ernst und welcher Aufrichtigkeit das Judentum damit umging – dies wird in diesem Büchlein besonders zur Sprache kommen und wie Christentum und Islam sich beide auf dieses Thema bezogen und es sich ganz unterschiedlich aneigneten. Im Dialog oder Trialog zwischen den drei monotheistischen Religionen ist dieses Thema damit reichlich prädestiniert, bedacht zu werden.

Jerusalem, im Sommer 1995   *Michael Krupp*

Einleitung

DIE FRÜHE JÜDISCHE TRADITION

Die Geschichte von der *Bindung Isaaks*, wie sie im Judentum bezeichnet wird – hebräisch *Akedat Jizhak* oder *Akeda* – oder die Erzählung von der *Opferung Isaaks*, wie Christen sie nennen – aufgezeichnet im ersten Buch der Bibel, im 22. Kapitel der Genesis – hat das Denken und die Geschichte des Judentums merklich geprägt. Aber auch für das Christentum sowie für den Islam erlangte sie entscheidende Bedeutung und hat damit das Verhältnis zwischen den drei Religionen bestimmt, wenn auch zunächst nur in Abgrenzung und gegenseitiger Polemik. So gibt es sowohl eine christlich-jüdische und eine jüdisch-christliche, als auch eine islamisch-jüdische und jüdisch- islamische Polemik. Eine christlich-islamische oder islamisch-christliche Auseinandersetzung scheint dagegen zu fehlen. Dies weist wohl darauf hin, daß Christen wie Moslems spürten, daß die Akeda jüdisches Erbe ist.[1]

Im Gegensatz zu einer christlichen Behauptung, wonach die jüdische Ausformung der Akeda nur eine Reaktion auf christliche Inbesitznahme der Tradition ist, gehen die Anfänge der Ausbildung einer Tradition zur Akeda im Frühjudentum schon auf die vorchristliche Zeit zurück. Schon in den erhaltenen Bruchstücken der ältesten Synagogenliturgie – der Fastenliturgie heißt es: »Gedenke der Asche Isaaks, die auf dem Altar aufgehäuft ist.« In der Fastenliturgie kommt die Akeda als eine der Heilstaten Gottes an seinem Volk vor, um derentwillen er sein Volk erwählt hat und dessen Sünden vergibt. Wie der Auszug aus Ägypten ist die Akeda eine der großen Rettungstaten Gottes an seinem Volk. Im Laufe der weiteren Ausprägung der Tradition – und dies vermutlich auch in Abgrenzung und im Gegenzug

---

1. Hier kann auf das weite Gebiet der Kindesopfer nicht eingegangen werden, von den altorientalischen Kulten angefangen über ihr Erscheinen in der Bibel bis hin zur griechischen Mythologie. Der wesentliche Beitrag der Bibel dazu ist gerade das absolute Verbot solcher Opfer, und 1 Mose 22 wird gemeinhin als Ablösungslegende des Kindesopfers durch Tieropfer verstanden. Dies alles interessierte die Rabbinen am Ende der Zeit des Zweiten Tempels, als solche Gedanken keine ernste Bedrohung mehr für das Judentum darstellten, nur am Rande.

zu einer christlichen und später islamischen Tradition – werden dann ähnliche Konsequenzen aus der Akeda gezogen, wie sie das Christentum aus dem Kreuzesstod Jesu und der Islam aus der Opferung (des Ismael) zieht. Aber niemals ist der Schritt im Judentum vollzogen worden, den das Christentum getan hat, nämlich das ganze Heil Gottes auf diese eine Tat zu konzentrieren. Dies ist sicher auch die Konsequenz einer fehlenden durch und durch bindenden Dogmatik im Judentum. Wäre das Judentum ähnlich dogmatisch wie das Christentum, so hätte es auch eine Theologie von Tod und Auferstehung des Isaak verfassen können. Im frühen Mittelalter sind alle Bausteine für eine solche Theologie da. Aber bewußt beschränkt sich das Judentum auf die Akeda als eine unter den vielen Heilstaten seines Gottes für sein Volk.

Die Geschichte von der *Bindung Isaaks* in 1 Mose 22 ist ursprünglich Lesung für den Synagogengottesdienst am zweiten Tag des Neujahrfestes. Sie wurde aber schon früh auch in die tägliche Lesung des Morgengebets aufgenommen, wo man sie mit einem Gebet abschließt, das die Akeda als Sühnetat begreift: »Gedenke der Akeda, gedenke, wie unser Vater seinen Sohn Isaak auf dem Altar gefesselt hat und wie er sein Mitleid überwand, um Deinen Willen mit ganzem Herzen zu erfüllen, so werde Dein Mitleid Herr über Dein Gericht gegen uns, sei uns gnädig.«

Dieses tägliche Gedenken wurde in Zeiten der Not verstärkt. Schon vor den Kreuzzügen kamen zur Bußliturgie in den Tagen zwischen Neujahr und dem Versöhnungstag die sogenannten Akedot-Bußpsalmen auf, Gesänge, welche die Überschrift Akeda trugen und nach einer bestimmten Melodie die Geschichte von der Bindung Isaaks nacherzählten, interpretierten und neu deuteten. Mit den Verfolgungen durch die Kreuzzüge nahm die Intensität dieser Dichtung bedeutend zu. Dutzende, wenn nicht Hunderte von Akedot entstanden, von denen sich ein Teil in Drucken der Slichot, der Bußgebete, oder der Gebetbücher zu Neujahr und Jom Kippur erhalten haben. Noch mehr finden sich in Handschriften, besonders aus dem Abendland.

In großer Not und Verfolgung wurde die alte Geschichte von den beiden Erzvätern vielen Juden auch Trost, Hilfe und Ausweg in der Bedrängung. Abraham wurde zum Glaubenszeugen, der in der Not seinen Sohn Gott nicht vorenthielt, und Isaak wurde zum ersten Märtyrer, der bereit war, sein Schicksal in freudiger Aufopferung Gott hinzugeben. Mit der Erinnerung der Bindung Isaaks auf den Lippen nahmen Väter und Mütter ihre Söhne und Töchter mit hinein in die Flammen, die christliche Eiferer ihnen bereitet hatten und verhinderten so die Zwangstaufen ihrer Kinder. Es ist interessant, daß solche Schicksale nur im Abendland vorkamen. Im Islam und in ehemaligen islamischen Ländern konvertierten Juden zum Schein zum Islam oder zum Christentum.

Die Akeda als Symbol für das Martyrium erscheint bereits in vorchristlicher Zeit. In den Makkabäerbüchern wird die Geschichte der Mutter und ihrer sieben Söhne berichtet, die eher bereit sind, das Martyrium auf sich zu nehmen, als den Kaiser anzubeten, wie es der hellenistische Kult von ihnen fordert. Nachdem so alle sieben Söhne zum Opfertod bereit waren, ruft die verzweifelte Mutter ihrem jüngsten Sohn nach, dem Vater Abraham auszurichten, daß sie sieben Altäre gebaut habe und nicht nur einen, und sie die sieben Opfer wirklich dargebracht habe, während der eine Sohn Abrahams im letzten verschont blieb.

Wenn ursprünglich Akeda und Martyrium auch nicht unbedingt identisch sind, so hatte die Akeda als Symbol für das Martyrium eine starke Auswirkung in der jüdischen Geschichte, war doch das Ganzopfer, der Holocaust[2] des Isaak, bis hin zum Holocaust des jüdischen Volkes im 20. Jahrhundert, das deutlichste Zeichen der Hingabebereitschaft von Juden an Gott, gewollt oder ungewollt, freiwillig oder erzwungen, nicht erklärbar.

Auch das orientalische Judentum hat die Literatur der Akedot-Bußpsalmen gepflegt. So sind im Gebetbuch von Aleppo, das der christliche Drukker Daniel Bombergi in Venedig im Jahr 1527 verlegte, über 20 solcher Akedot abgedruckt, und in Gebetbüchern des Jemen sind Akedot vorhanden, die bisher noch niemals gedruckt wurden.

Auf eine gewisse Parallele zum Christentum lassen die sogenannten Akedat-Jizhak-Spiele des Mittelalters schließen, die – ähnlich wie die christlichen Passionsspiele – Leiden und Errettung des Isaak in Szene setzen. In den Gebetsliturgien der Juden Persiens und des Irak sind ebenfalls lange Balladen und ganze Gebetszyklen zum Thema der Akeda in besonderer Form zusammengestellt, die am Neujahrsfest vorgetragen wurden. So ist für Juden sowohl im Westen wie im Osten die Bindung Isaaks zu einem unverzichtbaren Symbol jüdischen Leidens geworden.

---

2. So heißt es auf Grund der griechischen Bibel in der englischen Übersetzung zu 1 Mose 22,2. Bei Luther steht »Brandopfer«.

DIE JÜDISCHE SCHRIFTAUSLEGUNG – DER MIDRASCH

Der Midrasch, die antike jüdische Schriftauslegung, ist über Jahrhunderte, ja ein Jahrtausend hindurch gewachsen. Das Wort *Midrasch* ist von dem Verb *darasch* abgeleitet und heißt soviel wie *suchen*, zuerst ganz profan etwas suchen, und dann immer mehr *in der Schrift suchen.* Da das Wort immer wieder in der populärjudaistischen Literatur zitiert wird, ohne ausreichend erklärt zu werden, soll hier zunächst etwas über das Wesen des Midrasch gesagt werden, denn sonst bleibt vieles miß- oder unverständlich. Gefährlich scheint mir auch in der einschlägigen Literatur das unwissenschaftliche Aneinanderreihen verschiedenster Traditionen, die zum Teil Jahrhunderte auseinanderliegen, um schließlich das, was der Autor sagen will, durch einen neuen Midrasch, der aber so gar nicht existiert, zu legitimieren.[3] Aus diesem Grunde soll hier an den Anfang der Auslegung ein geschlossener Teil der ältesten Überlieferung gestellt werden und nicht eine willkürliche Auswahl. Erst wenn die Leserin oder der Leser eine sichere Basis erhalten hat, Quellen zu unterscheiden, sollen ihr oder ihm themenartig Streifzüge durch den ganzen Wald der Midraschliteratur hindurch erlaubt werden.

Der Midrasch enthält, wie der andere große Zweig rabbinischer Literatur, die talmudische Literatur, Halacha und Aggada, wobei die Aggada am besten in Abgrenzung zur Halacha definiert werden kann. Halacha ist die gesetzliche Literatur, sie erstellt die Regeln, nach denen der Mensch zu leben hat, um »das Leben zu haben«. Die Halacha muß eindeutig sein, damit der Mensch weiß, was er zu tun hat. Die Aggada ist alles, was nicht Halacha ist: Erzählungen, Nacherzählungen – auch biblischer Geschichten –, Wissenschaft, Märchen, Theologie, Dogmatik, Astronomie, Astrologie, Erdkunde, Historie und dergleichen. Die Aggada muß nicht festgelegt werden. Sie ist frei, und der Phantasie sind kaum Schranken gesetzt, es sei denn die der Gotteslästerung, aber bis dahin ist viel freier Raum. Im Christentum scheint es sich fast umgekehrt zu verhalten: Das Dogma ist festgelegt, das Tun, die Ethik, jedoch ist fast grenzenlos und unbestimmt, manchmal bis zur Blasphemie.

Für die Bibelauslegung, mit der wir es hier zu tun haben, ist also genau diese grenzenlose Phantasie typisch. Widersprüche zwischen den einzelnen

---

3. In extremer Weise exerziert das *Willem Zuidema* in seinem Sammelband *Isaak wird wieder geopfert*, Neukirchen-Vluyn 1987, vor.

Auslegern sind nicht nur geduldet, im Gegenteil, sie werden begrüßt. Je vielfältiger das Bild, desto besser und desto größer der Ruhm Gottes. Der Midrasch versucht das in einem Bild vom Hammer, der auf den Felsen schlägt, deutlich zu machen. So wie der Hammer 70 Funken hervorbringt, so soll auch die Schriftauslegung zu jedem Vers verfahren. Die griechische Übersetzung der Bibel erhielt nach einer Erklärung daher ihren Namen: Septuaginta, die Siebzigfältige.

Noch ein anderes ist zum Midrasch zu sagen: Wie die ganze rabbinische Literatur ist der Midrasch mündliche Lehre. Die mündliche Lehre oder die Tradition hat aber ebenso große Bedeutung wie die schriftliche Lehre selber. Beide wurden Mose auf dem Berg Sinai gegeben. Im Gegensatz zu der geschriebenen Tora muß die mündliche immer wieder für die jeweilige Zeit und Situation neu formuliert werden. Die mündliche Tora ist verbindlich wie die schriftliche, sie ist jedoch niemals abgeschlossen, sondern immer für die Zukunft offen.

DER ÄLTESTE MIDRASCH ZUR *BINDUNG ISAAKS* – BERESCHIT RABBA

Der Midrasch Bereschit Rabba oder Genesis Rabba, aus dem das erste zusammenhängende Stück zur Akeda stammt, ist einer der ältesten aggadischen Midraschim und der älteste Midrasch zum Buch Genesis, dem ersten Buch Mose. Er ist noch in der gesprochenen, lebendigen Sprache Palästinas der Zeit Jesu und der Zeit danach abgefaßt, dem sogenannten galiläischen Aramäisch, das auch in den alten Handschriften, die zu Bereschit Rabba vorhanden sind, verhältnismäßig gut erhalten und noch nicht so stark wie viele spätere Midraschim an das Ostaramäische des babylonischen Talmud angeglichen ist. Vieles ist auch in Hebräisch geschrieben, dem Hebräisch der Zeit der Mischna, wie es noch in einigen judäischen Dörfern zur Zeit Jesu gesprochen wurde. Bei den Texten übersetze ich aus der besten uns erhaltenen Handschrift, die sich heute im Vatikan befindet.[4] Nur wo

---

4. Sie war früher in Heidelberg und kam mit der gesamten Bibliothek der deutschen Humanisten im Dreißigjährigen Krieg als Beutestück nach Rom. Vielleicht war das gut so, denn in Heidelberg sind die hebräischen Handschriften im Zweiten Weltkrieg verbrannt.

diese Handschrift unverständlich und fehlerhaft ist, wird sie durch Lesungen anderer Handschriften oder Drucke ersetzt. Die klassischen Drucke sind durch die christliche Zensur verdorbene Nachdrucke des Erstdruckes und häufig Zufallsprodukt des Druckers, der nicht immer die besten Handschriften zur Verfügung hatte. Zum Midrasch Bereschit Rabba gibt es aber eine wissenschaftliche Ausgabe.[5]

Die Abweichungen in der Aggada sind manchmal erheblich. Die Übersetzung versucht, die formale Struktur der Midraschim nachzuahmen, die zuweilen kleine literarische Kunstwerke sind. Besonders der Midrasch Bereschit Rabba ist hier als ältester aggadischer Midrasch ein Meister in seiner Knappheit und Rätselhaftigkeit.

Midrasch Bereschit Rabba ist wie alle alten Midraschim Traditionsliteratur. Das heißt, er ist nicht von einer Person sozusagen am Schreibtisch konzipiert, sondern im Laufe von Jahrhunderten von vielen Rabbinen überliefert und verändert worden, bis er endlich seine abschließende Form erhalten hat. Seine Heimat ist sicher nicht nur die Synagoge, sondern auch das Lehrhaus, denn manche Stellen sind so ausgeklügelt, daß man sich kaum vorstellen kann, daß eine Gemeinde von Laien beim alleinigen Vortrag in der Synagoge alles verstehen konnte. Angesichts des langen Überlieferungsherganges enthält der Midrasch sehr viel altes, teilweise vorchristliches Material. Mit der Zwangsauflösung des Patriarchats durch die byzantinischen Christen Anfang des 5. Jahrhunderts scheint Bereschit Rahba abgeschlossen worden zu sein. Ob er damals schon schriftlich vorlag, ist schwer zu sagen, spielt aber auch keine wesentliche Rolle. Wahrscheinlich wurde der Midrasch nach seiner Redaktion noch eine Weile mündlich überliefert, denn es gab eine Scheu gegen das Niederschreiben, handelte es sich doch um »mündliche Lehre«. Dafür gab es damals noch die Fähigkeit, ganze Bücher im Gedächtnis zu bewahren. Die ältesten Handschriftenfragmente stammen aus dem 9. Jahrhundert.

Der Midrasch Bereschit Rabba verrät seine Entstehung aus der Synagoge auch dadurch, daß sich die einzelnen Einheiten in Form von Predigten erhalten haben. Es ist nicht immer ganz klar, wieviel Text in einer Predigt ausgelegt wurde. Damals las man nicht wie heute die Tora, die fünf Bücher Mose, entsprechend dem babylonischen Ritus einmal in ei-

---

5. Seit 1912 von J. Theodor herausgegeben und nach dessen Tode von Ch. Albeck weitergeführt. In zweiter Auflage 1965 in Jerusalem erschienen. Leider hat diese Ausgabe einige wichtige Handschriften nicht berücksichtigt.

nem Jahr durch, sondern die Tora war entsprechend dem palästinischen Ritus in einen Lesezyklus eingeteilt, in dem sie einmal in drei oder dreieinhalb Jahren gelesen wurde. Die alte Einteilung in Bibelabschnitte (Perikopen) ist aber aufgrund der Midraschim nicht mehr zu rekonstruieren. Sie erscheinen viel kürzer zu sein, als dies auch aus einem dreieinhalbjährigen Zyklus hervorgehen würde. 1 Mose 22, die Akeda, ist in zwei Predigteinheiten eingeteilt und findet sich in den Abschnitten 55 und 56 des Midrasch Bereschit Rabba.

Erkennbar ist ein Abschnitt, hebräisch *Parascha*, an der Kunstform, durch die der Midrasch gegliedert ist. Jede Predigt wird nämlich mit einer besonderen Einleitung versehen, der sogenannten *Petichta*, einem aramäischen Wort, das »Eröffnung« bedeutet. Da, wie gesagt, der Midrasch in vielen Jahrhunderten gewachsen ist, gab es zu jedem Stück mehrere Einleitungen, von denen die Tradition die schönsten und einprägsamsten aufbewahrt hat. Daher können heute im schriftlichen Midrasch eine ganze Reihe von Petichtot am Anfang einer Perikope stehen, wobei allerdings davon auszugehen ist, daß in der Praxis immer nur eine Petichta vom Prediger verwandt wurde. Nach der Petichta wird in einem exegetischen Midrasch, um den es sich bei Bereschit Rabba handelt, Vers für Vers, manchmal Wort für Wort ausgelegt, wobei aber auch vieles überschlagen werden kann.

Die Petichta hat einen besonderen Aufbau, der auch dem Zweck dient, die Aufmerksamkeit der Zuhörer zu wecken, die ja eine lange Liturgie mit ausführlichen Lesungen über sich haben ergehen lassen müssen. Der Prediger stellt an den Anfang der Petichta einen Vers aus den sogenannten Schriften, dem dritten Teil der Bibel, die aus »Tora«, »Propheten« und »Schriften« besteht. Jedoch gibt es hier keine ganz feste Regel, der Anfangsvers kann auch aus den Propheten stammen, in ganz seltenen Fällen sogar aus der Tora selber. Der gewählte Text kann inhaltlich recht verschieden sein von der Perikope des Schabbats, die es auszulegen gilt. Ja, je entfernter er von der Perikope ist, desto größer ist die Spannung des Zuhörers im Hinblick darauf, wie der Ausleger diesen Vers mit dem ersten Schriftvers der Perikope verbinden will. Dies allerdings muß ein guter Prediger leisten, und zwar möglichst zügig und elegant, mit einem Wortspiel oder einer der üblichen Auslegungsregeln.[6] Dabei versucht er, möglichst einen Hauptge-

---

6. Vgl. Michael Krupp, Der Talmud. Eine Ergänzung in die Grundschrift des Judentums mit ausgewählten Texten, Gütersloh 1995, S. 48-55.

danken, den er in der Perikope erkennen zu können meint, in den Vordergrund zu stellen. Die Petichta zeigt also schon den Leitgedanken des Pre-
digttextes, den sogenannten Skopus, an. Deshalb sind die Petichtot auch so
wichtig zum Verständnis des Midrasch. In späterer Zeit und auch in späten
Midraschim sind die Petichtot häufig überladen und stark erweitert worden. Sie enthalten viele ganz verschiedene Themen, so daß der Grundge-
danke kaum noch zu erkennen ist. Der frühe Midrasch hingegen zielt kurz
und bündig vom Ausgangsvers auf den ersten Vers der Perikope hin. Die
Form der Petichta wird auch dem Laien an den hier gebrachten Beispielen
erkennbar sein. In unserem Fall stehen am Anfang der Perikope der Akeda
drei Petichtot.

Der Midrasch Bereschit Rabba

PARASCHA 55

Parascha 55,1. Die erste Petichta[7]

NACH DIESEN WORTEN UND DER GOTT (1 Mose 22,1).
Du hast ein Zeichen gegeben denen, die dich fürchten, sich auszuzeich-
nen (um der Wahrheit willen. Sela) (Psalm 60,6).
Versuchung um Versuchung um Versuchung, Erhöhung um Erhöhung um
Erhöhung, um sie in der Welt zu versuchen, um sie in der Welt zu erhöhen wie
dieser Wimpel eines Schiffes. Das alles, *um der Wahrheit willen. Sela.* Damit
sich das Maß der Gerechtigkeit in der Welt bewahrheite. Denn wenn ein Mensch
sagt, er macht reich, wen er will, er macht zum König, wen er will, so machte
er auch Abraham nach seinem Gutdünken reich und nach seinem Gutdünken
machte er ihn zum König, so kannst du ihm antworten und sagen: Kannst du
das tun, was unser Vater Abraham tat? Wenn er sagt, was hat er getan, sage
ihm: *Und Abraham war hundert Jahre, als ihm geboren wurde (Isaak, sein*
Sohn) (1 Mose 21,5), und nach all dieser Not wurde ihm gesagt: NIMM DEI-
NEN SOHN, (1 Mose 22,2) und er sträubte sich nicht. *<Du hast ein Zeichen*
gegeben denen, die dich fürchten, sich auszuzeichnen. (Psalm 60,6)> (NACH
DIESEN WORTEN, UND DER GOTT VERSUCHTE ABRAHAM.) (1 Mose 22,1).

Das Aufbauschema dieser ersten Petichta sieht folgendermaßen aus: Ausgangspunkt ist ein Vers aus den *Schriften*, Psalm 60,6. Allerdings muß man wörtlich
übersetzen und nicht die Übersetzung der Septuaginta oder der Vulgata zugrun-
delegen, die auch Luther wiedergegeben hat.[8] Nur mit der oben versuchten wört-

---

7. Die Übersetzung fußt auf Handschrift Vatikan Nr. 30. Partien in runden Klammern sind
    aus anderen Handschriften oder Drucken ergänzt. In eckigen Klammern stehen Teilstücke
    der Handschrift, die meiner Meinung nach zu streichen sind. Worte in spitzen Klammern
    sind Ergänzungen von mir zum besseren Verstehen des Textes. Bibelstellen der Akeda,
    also aus 1 Mose 22, sind mit Kapitälchen, andere Bibelstellen durch Kursivdruck hervor-
    gehoben. Der Text des Midrasch ist in einer größeren Type gesetzt, der Kommentar dazu in
    Normalschrift.
8. Luthers Übersetzung: »Du hast doch ein Zeichen gegeben denen, die dich fürchten, damit
    sie fliehen können vor dem Bogen. Sela.«

lichen Übersetzung aus dem Hebräischen wird verständlich, was die Rabbinen meinen. Sie legen jedes Element des Schriftverses aus. Der Vers scheint auf den ersten Blick inhaltlich nichts mit der verhandelten Perikope zu tun zu haben. Durch das Wortspiel *nes*, auf Deutsch »das Zeichen«, »das Panier«, »der Wimpel« am Schiff, in Psalm 60,6 und *nisah*, »er (Gott) versuchte«, in 1 Mose 22,1 wird dann die Verbindung geschaffen, die einen Hauptstrom in der Auslegung der frühen Akeda markiert: Verherrlichung, Größe, Hervorhebung. Die Erwählung Israels, die von den Völkern der Welt als Willkür Gottes bezeichnet wird, hat ihren Grund im Gehorsam Abrahams. Die Versuchung ist nichts anderes als Herausstellung. Reichtum und Würde Abrahams und seiner Nachkommen sind nicht blindes Zufallsprodukt der Willkür Gottes, sondern sind begründet in der Durchhaltekraft Abrahams, in dem Verdienst, das Abraham im Bestehen der Versuchung errungen hat. Seine Größe entspricht der bestandenen Versuchung. Die Größe der Versuchung wird durch die Gegenüberstellung der Schriftverse 1 Mose 21,5 und 1 Mose 22,2 zum Ausdruck gebracht, in dem Paradox, daß Abraham seine einzige Verheißung hergeben soll. Hier wird auch auf das menschlich Tragische angespielt: Isaak ist der Sohn des Greisenalters. Das ganze Warten auf die Verheißung, das ganze in bangem Hoffen zugebrachte Leben wird als »Not« bezeichnet.

So wird in der ersten Petichta die Erwählung Israels angesprochen. Die Akeda ist einer der Gründe für die Erwählung. »Denn wenn ein Mensch sagt« ist der Einwand der Gegner Israels, der Völker, die auf Israel neidisch sind. Die Völker erscheinen noch mehrmals in der Geschichte von der Akeda Isaaks. So ist es nicht verwunderlich, daß sie schon in der ersten Petichta als Ankläger hervortreten. Ihr Argument wird abgelehnt – »um der Wahrheit willen«.

55,2 Die zweite Petichta

Gott prüft den Gerechten (Psalm 11,5).

Es sagte R. Jochanan: Dieser Töpfer, er prüft[9] nicht die gesprungenen Gefäße, denn schon beim ersten Draufschlagen zerbrechen sie, sondern die heilen, denn auch bei mehrmaligen Draufschlagen zerbrechen sie nicht. So prüft auch der Heilige, gepriesen sei Er, nur die Gerechten. *Gott prüft den Gerechten*. Es sagte R. Josse ben Hanina: Dieser Flachsdrescher, wenn er weiß, daß sein Flachs gut ist, je mehr er ihn preßt, um so besser wird er, je mehr er draufschlägt, um so fester wird er. (Wenn er schlecht ist, bei weniger als einem Schlag bricht er). So prüft auch der Heilige, gepriesen sei Er, nur die Gerechten. *Gott prüft den Gerechten*. Es sagte R. Laser: Gleich dem

9. Bei der Prüfung des Ofens.

Hausherrn, der zwei Kühe hatte, eine kräftige und eine schwache. Auf welche wird er das Joch legen, nicht auf die kräftige? So prüft auch der Heilige, gepriesen sei Er, nur die Gerechten. *Der Herr prüft den Gerechten*. Das ist Abraham. UND ES WAR NACH DIESEN WORTEN, UND DER GOTT.

Wieder dient ein Psalmvers als Ausgangspunkt für die Petichta. Diesmal ist die Verbindung von Psalmvers und Anfangsvers der Perikope schon äußerlich erkennbar. Das wird durch die vierte Auslegung zu diesem Vers deutlich, die mit der lapidaren Feststellung auskommt: »Das ist Abraham«.[10] Die drei ersten Teile zu diesem Vers sind ausführlicher. Sie haben im Gegensatz zur ersten Petichta einen Autor.

Zusammenfassung aller Erklärungen zu diesem Psalmvers ist: Durch die Versuchung in der Akeda erweist sich, daß Abraham ein Gerechter ist. Die Versuchung ist eine Prüfung, und Gott prüft nur die Gerechten. Es könnte ja sein, daß jemand der Meinung ist, daß der geprüfte Mensch für eine besonders schwere Sünde zu büßen hat, wie es die Freunde von Hiob annahmen. Dieser Schriftvers macht eine solche Auslegung unmöglich. Gott prüft nur den Gerechten. Die Prüfung allein zeigt schon, daß Abraham ein Gerechter ist.

Jedes dieser Gleichnisse hat einen anderen Autor. Jedes Gleichnis hat aber auch eine leicht anders gefärbte Aussage, die dazu angetan ist, den Schlußsatz immer wieder mit einer neuen Nuance zu erklären. Alle drei Gleichnisse sind aus dem Berufsleben des damaligen Palästinas entnommen, zu einer Zeit, in der die Juden noch zum größten Teil Landbevölkerung waren. Töpfer, Flachsdrescher und Bauer sollen jeder auf seine Weise zeigen, warum Gott die Gerechten für seine Weltordnung braucht und warum die Prüfung für die Aufrechterhaltung der Welt nötig ist.

Der Töpfer brennt in seinem Ofen frische Töpferware und muß wissen, wann seine Ware gut ist, er das Feuer ausmachen und die Ware herausnehmen kann. Um dies feststellen zu können, muß der Töpfer den Ofen leicht öffnen und auf eines der heilen Gefäße schlagen. Am Klang erkennt dann der Meister, ob die Ware gut durchgebrannt und fertig ist. Hierfür kann er aber nur ein heiles Gefäß wählen, denn ein bereits im Feuer gesprungenes Gefäß wird niemals den richtigen Klang erzeugen. Auch kann er gefahrlos auf den heilen Topf schlagen, denn durch das Schlagen wird der Topf nicht zerspringen. So ist es also sinnlos, auf die gesprungenen Gefäße zu schlagen. Sie zerbrechen nur noch mehr und helfen dem Töpfer nicht bei seiner Prüfung. Jedes geschlagene Gefäß aber kann sicher sein, daß es auserwählt ist, denn nur ein heiles Gefäß wird seinem Schöpfer anzeigen, ob die Ware im Ofen fertig ist. Nur durch die Prüfung des Gerechten erfährt Gott, wie es um seine Welt bestellt ist.

---

10. Dasselbe Schriftzitat hat in Bereschit Rabba auch auf Noah Anwendung gefunden: Parascha 32,3 und 34,2.

Anders verhält es sich beim Flachsdrescher und seiner Ware. Beim Flachs gehört das Schlagen zum Herstellungsprozeß; ohne Schlagen kann kein verarbeitungsfähiger Flachs entstehen. Der schlechte Flachs wird durch das Schlagen noch schlechter; er ist nicht zu retten. Formt so Gott die Gerechten? Wird der Mensch erst durch die Prüfung zum Gerechten? Wird der Gerechte erst durch die Prüfung vollkommen? Indem der Midrasch durch die verschiedenen Gleichnisse mehrere Antworten gibt, will er den Hörer zum Nachdenken bewegen.

Das letzte Gleichnis von den beiden Kühen zeigt wiederum eine neue Dimension auf. Nicht der Gerechte, in diesem Gleichnis die Kuh, benötigt die Prüfung zur Vollendung, die Kuh wird durch die Arbeit nur müde und geschwächt, aber der Acker muß bestellt werden. Einer muß diese Arbeit tun. Sie mit der schwachen Kuh ausführen zu wollen, wäre unmöglich. Sie würde zusammenbrechen. So bleibt nur die eine Möglichkeit. Nur die Gerechten können Gottes Welt bestellen. Und wen Gott zur Bestellung seiner Welt heranzieht, ist ein Gerechter.

55,3 Die dritte Petichta

R. Abbun eröffnete: *In des Königs Wort ist Herrschaft (und wer kann ihm sagen, was tust du!)* (Prediger 8,4).

Es sagte R. Abbun: Wie der Meister, der seinem Schüler befahl und ihm sagte: Verleihe nicht auf Zins, er aber selbst verlieh auf Zins. Sprach er zu ihm: Rabbi, du hast mir gesagt, verleihe nicht auf Zins, und du verleihst auf Zins. Sprach er zu ihm: Ich sage zu dir, verleihe nicht auf Zins einem Israeliten, aber verleihe du auf Zins den Völkern. *Von einem Fremden nimm Zins* (5 Mose 23,21).

So sprach Israel vor dem Heiligen, gepriesen sei Er: Herr der Welt, Du hast in deiner Tora geschrieben: *Du sollst nicht rächen, noch zürnen!* Und Du rächst und zürnst. *Rächer ist Gott und ein Herr des Zornes* (Nahum 1,2). Sprach zu ihnen der Heilige, gepriesen sei Er: Ich habe euch gesagt: *Du sollst nicht rächen, noch zürnen*, aber rächen und zürnen gegenüber den Völkern. *Räche dich für die Kinder Israel an den Midianitern!* (4 Mose 31,2). <*Du sollst nicht rächen, noch zürnen! Du sollst dich rächen für die Kinder Israel!*>

Ihr sollt nicht versuchen! (5 Mose 6,16). *Und der Gott versuchte den Abraham etc.* (1 Mose 22,1).

Der Schriftvers gibt das Motto: Gott ist in seinem Tun nicht zu hinterfragen. Wenn du aber doch fragst, wisse, daß du Gottes Tun falsch verstanden hast. R. Abbun erklärt das in drei Teilen. Zweimal werden die scheinbaren Widersprüche richtiggestellt. Das dritte Widerspruchspaar ist ein Rätsel. Die göttlichen Verbote, Zins zu nehmen[11] und sich zu rächen, gelten nur eingeschränkt, nämlich nur gegenüber der eigenen Gemeinschaft; gegenüber den Fremden oder den Gottesfeinden gelten sie nicht. Das dritte Glied ist das Rätsel. Wieder werden zwei Bibelverse, die sich zu widersprechen scheinen, gegenüber gestellt, ohne daß eine Lösung aufgezeigt wird. Der Hörer selbst ist aufgefordert, sie zu finden. In Analogie zum Vorhergehenden soll man folgern: Wie in Beispiel eins und zwei, so geschieht auch hier die Bindung Isaaks nur um der Heidenwelt willen. Eigentlich ist es verboten, auch für Gott, den Menschen in solch eine Versuchung zu stürzen. Aber um Israels willen gegen die Heidenwelt, die Israels Erwählung leugnet, stellt Gott Abraham auf die Probe. So hat die letzte Peticha eine ähnliche Botschaft wie die erste. Das erste und zweite Glied gelten nur als Verstehenshilfe für das dritte. Nur auf das dritte kommt es an. Die Kürze ist überzeugend, und der letzte Satz als zweiter Teil des dritten Gliedes ist zugleich der erste Satz der Perikope.

55,4a Anfang der Auslegung: Der Streit um Abrahams Frömmigkeit

VERS 1: NACH DIESEN WORTEN (1 Mose 22,1).
Ein Nachsinnen über Worte gab es dort. Worüber sann er nach? Abraham sann nach und sagte: Ich habe mich gefreut und an meiner Freude alle teilhaben lassen, aber dem Heiligen, gepriesen sei Er, habe ich keinen Stier und keinen Widder abgesondert. Da sprach zu ihm der Heilige, gepriesen sei Er: Damit, wenn dir gesagt wird, opfere mir deinen Sohn, du dich nicht weigerst.
Nach der Meinung R. Lasars, der sagte: UND (DER) GOTT (1 Mose 22,1) bedeutet Gott, er und sein Gerichtshof: Die Dienstengel sprachen, dieser Abraham freute sich und ließ alle an seiner Freude Anteil haben und hat

---

11. Alle Widerspruchspaare sind Bibelzitate, bis auf das erste: »Verleihe nicht auf Zins«, das in dieser Formulierung in der Bibel nicht vorkommt. Andere Handschriften haben vorher ein anderes Bibelzitat, das sehr viel schärfer formuliert ist und auch nicht aufgelöst wird. In der ebenso sehr alten und guten Handschrift Vatikan Nr. 60, die leider von den Herausgebern des Bereschit Rabba, Theodor und Albeck, übersehen wurde, heißt es folgendermaßen: »Sagte R. Abbun: Gleich einem Meister, der seinem Schüler befahl und ihm sagte: *Du sollst das Recht nicht beugen!* (5 Mose 16,19), und er beugt das Recht, *du sollst die Person nicht ansehen!* (ebenda), und er sieht die Person an, *du sollst keine Bestechung nehmen* (ebenda), und er nimmt Bestechung, du sollst nicht auf Zins verleihen, und er verleiht auf Zins. ...« Erklärt wird nur das letzte Glied, die anderen bleiben stehen. *In des Königs Wort ist Gewalt, und wer kann ihm sagen, was tust du.* Gott ist nicht hinterfragbar, und im letzten ist die Akeda nicht erklärbar.

dem Heiligen, gepriesen sei Er, keinen Stier und keinen Widder abgesondert.[12] Sprach zu ihnen der Heilige, gepriesen sei Er: Damit, wenn ihm gesagt wird, seinen Sohn zu opfern, er sich nicht weigert.

Die Völker der Welt sagten: Dieser Abraham freute sich und ließ alle an
seiner Freude Anteil haben, und hat dem Heiligen, gepriesen sei Er, keinen
Stier und keinen Widder abgesondert.[13] Sprach zu ihnen der Heilige, gepriesen sei Er: Damit, wenn ihm gesagt wird, seinen Sohn zu opfern, er sich
nicht weigert.

Isaak und Ismael stritten. Dieser sagt zu jenem, ich bin beliebter als du,
denn ich bin mit dreizehn Jahren beschnitten worden, und dieser sagt, ich
bin beliebter als du, denn ich bin mit acht Tagen beschnitten worden.
Sprach zu ihm Ismael: Ich bin beliebter als du. Warum? Denn ich hatte
die Möglichkeit, mich zu weigern, und ich habe mich nicht geweigert. In
jener Stunde sagte Isaak: Ach wenn sich doch der Heilige, gepriesen sei
Er, offenbaren und mir sagen würde, eins meiner Glieder abzuschneiden,
ich würde mich nicht weigern. Sprach zu ihm der Heilige, gepriesen sei
Er: Damit, wenn dir gesagt wird, opfere dich mir ganz, du dich nicht
verweigern wirst.

Mit diesem Stück beginnt die Einzelerklärung zu jedem Vers und jedem Versteil
der Perikope. Ausgangspunkt ist, wie so häufig im Midrasch, das genaue Hinse-
hen auf den Wortlaut, das ganz Wörtlich-Nehmen des in der Schrift Formulierten.
Achar hadevarim heißt in freier Übersetzung: »nach diesen Dingen« oder »nach
diesen Geschehnissen«. Ganz wörtlich heißt *devarim* aber »Worte«. Welche Worte waren denn gefallen? An anderer Stelle heißt es im Midrasch, »wir haben die
Schrift Seite für Seite umgeblättert, und haben ›diese Worte‹ nicht gefunden«.
Das gibt dem Interpreten völlige Freiheit, sich diese Worte auszudenken. In dieser ersten Ausdeutung geschieht das viermal, wobei die ersten drei Interpretationen Varianten desselben Themas sind.

Das Gastmahl, das Abraham gab und dabei seinen Gott nicht bedachte, war
nach einer Talmudstelle[14] das Gelage anläßlich der Entwöhnung seines Sohnes
Isaak. Tatsächlich steht nirgendwo in der Bibel, daß Abraham damals Dankopfer
dargebracht hätte. Günstigerweise ist es Abraham selber, der auf dieses Versäum-
nis als erster zu sprechen kommt.

12. Fälschlicherweise steht in Vatikan 30 »Ich habe abgesondert«, wie in der ersten Geschich-
      te, eine Unachtsamkeit des auch sonst etwas oberflächlichen Abschreibers. In der Folge
      werden solche eindeutigen Abschreibefehler nicht immer extra erwähnt.
13. Diesmal richtig in der Handschrift.
14. Sanhedrin 89b.

Die folgende Variante, nicht Abraham, sondern die Engel hätten Gott auf den undankbaren Abraham verwiesen, wird mit einer hermeneutischen Regel angeschlossen. Die etwas umständliche Redewendung in 1 Mose 22,1 *und der Gott versuchte* will erklärt werden. Hier wird deshalb ein auch sonst zitierter Schluß des R. Elaser[15] angewandt, nach dem das eigentlich überflüssige »und der« darauf zu deuten ist, daß mehr als Gott gemeint sein müsse, nämlich Gott und sein himmlischer Hof.

Da man schon im Plural angelangt ist, fügt sich – etwas unvermittelt – die zweite Konkurrenz Israels nach den Engeln an, die Heidenwelt. Diese Erzählung ist ein weiteres Glied in der Reihe, die mit den Petichtot begann: Die Akeda geschieht als Erwählungserweis Israels vor der Heidenwelt.

Die vierte Geschichte zu der Überlegung, welche Worte hier gefallen sein mögen, leitet ein weiteres Konkurrenzpaar ein, das noch mehrfach in der Ausdeutung der Akeda auftreten und besonders im späteren Midrasch, nach Aufkommen des Islam, an Bedeutung gewinnen wird. Wenn es hier schon in dieser frühen Zeit, spätestens im 5. nachchristlichen Jahrhundert, also wenigstens 200 Jahre vor dem Propheten Mohammed, in Erscheinung tritt, so bedeutet dies, daß es schon in der vorislamischen Zeit ein Konkurrenzdenken zwischen Juden und Arabern gab.

Die Beschneidungen Ismaels und Isaaks, im 13. Jahr beziehungsweise am 8. Tag, sind in der Bibel aufgeführt.[16] Aufgrund dieser Texte wird noch heute im Judentum am 8. Tag nach der Geburt und im Islam im 13. Lebensjahr die Beschneidung vollzogen. Dieser Auslegung entnehmen wir, daß sich auch hierüber Araber und Juden gestritten haben mögen. Der späte Midrasch macht Ismaels Stolz etwas lächerlich, wenn er Isaak höhnisch fragen läßt: »Wegen dreier Blutstropfen blähst du dich auf, ich wäre bereit, mich ganz hinzugeben.«

Interessant ist, daß hier Isaak als aktiver Partner in der Versuchungsgeschichte in Erscheinung tritt, während die Rolle Isaaks im biblischen Bericht eine recht passive war. Im Midrasch, und noch stärker im späten Midrasch, wird Isaak von Beginn an ein aktiver Part zugedacht. Er, und nicht Abraham, ist im späten Midrasch der eigentliche Held des Geschehens. So übrigens auch im Koran. Die biblische Geschichte verliert dadurch zweifelsohne etwas von ihrer Skandalosität, wenn der zu Opfernde nicht klein und wehrlos ist und einfach von seinem Vater überrumpelt wird, sondern sich selbst freiwillig für diesen Weg entscheidet.

---

15. In der Handschrift steht die uralte palästinische Koseform des Namens Eleazar: Lasar, die auch im Neuen Testament vorkommt. Der Freund Jesu, Lazarus, hieß mit vollem Namen eigentlich auch Elasar.
16. 1 Mose 17,25 und 21,4.

55,5 Gott verschmäht das Kindesopfer

R. Jehoschua aus Sachnin im Namen R. Levis: Obwohl sich die Worte auf Mescha, den König von Moab beziehen, meinen sie jedoch nur Isaak, wenn es heißt: *Womit soll ich mich dem Herrn nahen etc. Hat denn Gott Wohlgefallen an Tausenden von Widdern? etc.* (Micha 6,6f.).

Im Druck ist die Ordnung umgestellt. Das Zitat aus dem Propheten Micha steht am Anfang, dann folgt die Auslegung. Wenn dies ursprünglich ist, handelt es sich um eine weitere Petichta, die hier falsch plaziert ist. Auf alle Fälle ist hier von einem allgemeinen Gedanken zur Akeda die Rede, und es ist keine spezielle Auslegung zu einem bestimmten Vers in Genesis 22.

Der Ausleger bezieht den Michavers auf die Akeda und vertieft damit den Gedanken in besonderer Weise, indem er die rabbinische Unterscheidung von einfacherem, *Peschat*, und tieferem Wortsinn, *Derasch*, anwendet. Für das Verstehen ist es notwendig zu bedenken, daß das Michazitat abgekürzt ist, die Fortsetzung bis Vers 8 muß mitbedacht werden. Hier heißt es: *Soll ich meinen Erstgeborenen für meine Übertretung geben, meines Leibes Frucht für meine Sünde?* Der schlichte Wortsinn meint den König von Mescha, der seinen Sohn wirklich geopfert hat, obwohl Gott ihm das nicht befohlen hat. Der tiefere Wortsinn meint aber Isaak und Abraham, denn sie haben das erfüllt, was Vers 6 sagt: *Womit soll ich mich dem Herrn nahen?* Sie haben nach dem Willen Gottes gefragt und waren bereit, ihn ganz zu erfüllen. Diese Absicht wurde von Gott wie die vollbrachte Tat gewertet. Das heißt, Gott sucht und sieht und belohnt die Bereitschaft des Menschen, sich ihm ganz hinzugeben, und lehnt jede Eigengerechtigkeit, wie die des Mescha, ab. So hat die Erwählung des Opfers mit der Gesinnung zu tun, wie beim Opfer von Kain und Abel. Die Auslegung macht nicht nur deutlich, daß Gott Kindesopfer ablehnt, sondern sie weist auch positiv auf das hin, was Gott will: eine Gesinnung wie die des Isaak und seines Vaters Abraham.

55,6a Abraham wurde wirklich versucht

UND DER GOTT VERSUCHTE DEN ABRAHAM.
    R. Josse der Galiläer und R. Akiba. R. Josse der Galiläer sagt, er hat ihn groß gemacht wie jenen Schiffswimpel. R. Akiba sagt, er versuchte ihn wirklich, damit man nicht sagen kann, er hat ihn verwirrt und verdreht, daß er nicht wußte, was zu tun.

Wenn zwei Rabbinernamen an den Anfang gestellt sind wie hier, handelt es sich um ein Streitgespräch. R. Josse ist der Meinung, Gott habe Abraham durch diesen Versuch vor aller Welt als groß herausstellen wollen. Es war in diesem Sinne gar keine Versuchung, die vielleicht hätte fehlschlagen können. Es war wie ein Experiment, das ein Chemielehrer vor seiner Klasse durchführt, um seine Theorie als richtig zu erweisen. Anders R. Akiba, er ist der Meinung, daß es sich um eine echte Versuchung handelte, die auch hätte fehlschlagen können. Abraham hätte sich auch weigern können, denn wenn es sich so verhielte, wie R. Josse meint, wäre Abraham eigentlich gar kein Partner, sondern willenloses Instrument in Gottes Hand gewesen. In einem Parallelmidrasch[17] sind die Feinde Abrahams, die ihm vorwerfen könnten, er habe alles nur in heilloser Verwirrung, überrumpelt von Gott, getan, wiederum die Heiden.

55,6b Abraham größer als Mose

UND ER SPRACH ZU IHM: ABRAHAM, UND ER SPRACH: HIER BIN ICH!

Sprach R. Jehoschua ben Karcha: An zwei Stellen hat sich Mose mit Abraham verglichen. (Sprach zu ihm der Heilige, gepriesen sei Er: *Verherrliche dich nicht vor dem König, und auf die Stelle von Großen stelle dich nicht hin* (Sprüche 25,6).) Abraham sprach: *Hier bin ich, hier bin ich.* <Das erste> *Hier bin ich* steht für die Priesterschaft, <das zweite> *Hier bin ich* steht für die Königswürde. Er erreichte die Priesterschaft, und er erreichte die Königswürde. Er erreichte die Priesterschaft: *Der Herr hat geschworen, und es gereut ihn nicht etc.* (Psalm 110,4). Er erreichte die Königswürde: *Ein Fürst Gottes bist du unter uns* (1 Mose 23,6). Mose sagte: *Hier bin ich, hier bin ich! Hier bin ich* für die Priesterschaft, *Hier bin ich* für die Königswürde. Sprach zu ihm der Heilige, gepriesen sei Er: *Nähere dich nicht hierher.* (2 Mose 3,5) *Nähere* bedeutet nichts anderes als Priesterschaft, wie es heißt: *Und der Fremde, der sich nähert, soll sterben.* (4 Mose 1,51) *Hierher, hierher* bedeutet nichts anderes als Königswürde, wie es heißt: *Denn ich habe dich bis hierher gebracht* (2 Samuel 7,18).

Das *Hier bin ich* des Textes gibt Anlaß für einen Vergleich Abrahams mit einer weiteren um die Führerschaft ringenden biblischen Gestalt, Mose. Durch ein gewitztes Spiel mit Bibelstellen wird der Anspruch, so groß und bedeutend zu sein wie Abraham, abgelehnt. Abraham hat die wichtigsten Ämter, die es zu

---

17. Mechilta de R. Jischmael, Jetro 72a und öfter.

vergeben gibt, Priestertum und Königswürde, erreicht. Erklärt wird das mit
zwei Bibelstellen, deren Fortsetzung man wieder mitlesen muß. So lautet die
Fortsetzung des Psalm 110,4: *Du bist ein Priester ewiglich, nach der Weise
Melchizedeks,* während das Wort *Fürst* in 1 Mose 23 mit *König* gleichgesetzt
wird. Durch das zweimalige *Hier bin ich* hat Mose dasselbe für sich gefordert.
Es ist ihm mit dem Spruch am brennenden Dornbusch *Nähere dich nicht hierher* verwehrt worden, wobei durch biblische Wortgegenüberstellung das *Nähere* und das *Hierher* mit Priestertum und Königswürde erklärt werden.[18] Paral-
lelstellen haben einen Trost für Mose bereit, insofern als sie ihn doch, wenn
auch in geschmälerter Form, etwas vom Priestertum wie von der Königherr-
schaft kosten lassen. An dieser Stelle aber ist niemand unter den biblischen
Gestalten größer als Abraham.

55,7a Ein Zwiegespräch

VERS 2: UND ER SPRACH: NIMM DOCH DEINEN SOHN ETC.
    Er sprach zu ihm: NIMM DOCH, bitte, DEINEN SOHN.
    Sprach er zu ihm: Welchen Sohn? Sprach er zu ihm: DEINEN EINZIGEN.
Sprach er zu ihm: Dieser ist einzig für seine Mutter und dieser ist einzig für
seine Mutter. Sprach er zu ihm: DEN DU LIEB HAST. Sprach er zu ihm: Gibt
es denn Grenzen in meinem Inneren? Sprach er zu ihm: DEN ISAAK. Und
warum hat er es ihm nicht <sofort> geoffenbart? Um ihn lieb in seinen
Augen zu machen und ihm Lohn für jedes einzelne Wort zu geben.

Die Auslegung beginnt mit einer nüchternen Worterklärung: Das biblische *doch*
heißt soviel wie »bitte«. Dies ist aber auch von theologischer Bedeutung und soll
den Gedanken hervorheben, daß Gott Abraham nicht mit einem Befehl überrumpelt hat. Es handelte sich um eine Bitte, und ihre Befolgung war eine Tat der
freien Entscheidung.
    Hier schließt sich die weitere Auslegung an: Nach einer rabbinischen Regel
muß etwas, was so umständlich ausgedrückt wird wie dieser biblische Vers,
eine besondere Bedeutung haben, die über das einfache Verständnis hinaus-
geht. Der Ausleger kommt dabei zum Schluß, daß es sich hier um ein Zwiege-

---

18. *Hierher* im Bibelzitat aus 2 Samuel 7,18 bedeutet die Königswürde. Der ganze Vers, die
     demütige Antwort auf die Verheißung der ewigen Königsherrschaft an David durch den
     Propheten Natan, lautet: »*Da kam der König David und setzte sich vor dem Herrn nieder
     und sprach: Wer bin ich, Herr, Herr, und was ist mein Haus, daß du mich bis hierher
     gebracht hast.*« Bis hierher, bis zum Königtum.

spräch zwischen Gott und Abraham handelt, wobei die Bibel nur den Part Gottes festgehalten hat. Die Antworten Abrahams muß der Interpret selber finden. Er tut das in einer Weise, die der Intention des biblischen Textes durchaus gerecht wird.

55,7b Das geliebte Land

Dies entspricht der Meinung R. Jochanans, denn es sagte R. Jochanan: *Geh du aus deinem Land* (1 Mose 12,1), das ist deine Provinz, (*und aus deiner Heimat* (ebenda),) das ist deine Nachbarschaft, *und aus deinem Vaterhaus* (ebenda), das ist dein Vaterhaus, *zu einem Land, das ich dir zeigen werde* (ebenda). Warum hat er es ihm nicht <sofort> offenbart? Um es lieb zu machen in seinen Augen und um ihm Lohn zu geben für einen jeden Schritt.

Es sprach R. Levi bar Chaita: Zweimal steht geschrieben: Geh du[19], und wir wissen nicht, welche Stelle <bei Gott> beliebter ist, die zweite oder die erste. (Daraus, daß gesagt ist: GEH DU INS LAND MORIA, geht hervor, daß die zweite beliebter ist.)

Die erste Erklärung war im Midrasch schon zur Stelle 1 Mose 12,1 zu finden, und allem Anschein nach ist sie von hier auf die Akeda übertragen worden. Daß die Akeda wichtiger ist als der Befehl zum Auszug in das gelobte Land, ist damit zu erklären, daß der erste Befehl dem Land im allgemeinen galt, der zweite aber einem besonderen Ort in demselben Land, der noch dazu den höchsten Heiligkeitsgrad besitzt: dem Land Moria, dem Bezirk des späteren Tempels.

55,7c Das Land Moria

GEH DU IN DAS LAND MORIA!
R. Chija Rabba und R. Jannai. Einer sagte: Zu einem Ort, von dem Belehrung (*Horajah*)[20] in die Welt ausgeht, und der andere sagte: Zu einem Ort, von dem Furcht (*Jeriah*) in die Welt ausgeht. Die Lade (*Aron*). R. Chija Rabba und R. Jannai. Einer sagte: Zu einem Ort, von dem Licht (*Ora*) in die Welt ausgeht etc. (und der andere sagte: Zu einem Ort, von dem Furcht (*Morah*) in die Welt ausgeht.) Das Allerheiligste (*Devir*). R. Chija (und R. Jannai.) Einer

19. In 1 Mose 12,1 und 22,2.
20. In der Handschrift Vatikan 30 steht fälschlicherweise zweimal dasselbe Wort: *Jeriah*.

sagte: Zu einem Ort, von dem das Sprechen (*Hadibur*) in die Welt ausgeht, (der andere sagte: Zu einem Ort, von dem das Wort (*Hadavar*)[21] ausgeht.)

Sagte R. Jehoschua ben Levi: Denn von dort vermahnt (*moreh*)[22] der Heilige, gepriesen sei Er, die Völker der Welt, und von hier führt er sie hinunter ins Gehinom[23]. R. Schimon ben Jochai sagte: Zu einem Ort, der würdig ist (*ra'ui*) dem Haus von oben gegenüber zu liegen. R. Judan bar Philaija sagte: Zu einem Ort, den der Herr dir zeigt (*mareh*). R. Pinchas sagte: Zu einem Ort, der Herrschaft (*maruta*[24]) der Welt ist. Die Weisen sagten: Zu einem Ort, an dem Weihrauch geopfert wird, wie es heißt: *Ich gehe zum Berg des Weihrauchs* (*mor*, Hoheslied 4,6).

Dies ist ein typisches Beispiel für rabbinische Orts-Etymologie. Ein berühmtes Rabbinenpaar streitet zuerst um die richtige Bedeutung des Wortes Moria. Da man von ihnen auch andere Etymologien kennt, werden sie hier angefügt. Es folgen darauf andere Worterklärungen zu Moria. Dieser Streit unter den Rabbinen ist kein echter Streit, trägt er doch nur dazu bei, weitere Erklärungen zu geben und dem ehrwürdigsten Ort, dem Berg Moria, dem Tempelplatz, neue Bedeutungen zu geben, die alle auf Wortspielen mit den Wurzeln *ra'ah*, sehen, oder *jarah*, fürchten oder verwandten Wurzeln, wie *mor*, Weihrauch, beruhen, bis hin zum Gebrauch des Aramäischen, *le-atar maruta de-alma*, was so viel heißt wie: zu einem Ort der Herrschaft der Welt.

55,7d Abraham ist Priester

UND BRINGE IHN DORT ALS BRANDOPFER DAR

Sprach R. Juda im Namen R. Simons: Sprach er[25] vor ihm: Herr der Welt, gibt es denn ein Opfer ohne Priester? Sprach zu ihm der Heilige, gepriesen sei Er: Ich habe dich schon zum Priester bestellt, wie es heißt: *Der Herr hat geschworen und es gereut ihn nicht.* (Psalm 110,4).

Die Fortsetzung des Psalmverses, der bereits zuvor zitiert wurde, um Abrahams Priestertum zu beweisen, lautet: *Du bist Priester ewiglich nach der Weise Melchi-*

---

21. Wahrscheinlich das Zehnerwort, die Zehn Gebote.
22. So in den meisten Handschriften und Drucken, in Vatikan steht *nitrach*, das so viel wie »mit Last belegen« heißen könnte, aber ein Schreibfehler zu sein scheint.
23. Zur Hölle.
24. In Vatican 30 verschrieben zu *ramuta*.
25. Abraham.

zedeks. Das Priestertum Abrahams ist in diesem Zusammenhang besonders wichtig, denn die Akeda wird als eine der Heilstaten Gottes zur Erlösung Israels verstanden. Es muß sich deshalb um ein rituell einwandfreies Opfer handeln.

55,7e Die Ungewißheit als Zeichen der Gerechten

AUF EINEM DER BERGE, DEN ICH DIR SAGEN WERDE.

Wie R. Chuna im Namen Liesers, des Sohnes R. Josse des Galiläers, sagte: Der Heilige, gepriesen sei Er, läßt in den Augen der Gerechten eine Sache offen, und erst danach offenbart er ihre Bedeutung: *In ein Land, das ich dir zeigen werde* (1 Mose 12,1); AUF EINEM DER BERGE, (DEN ICH DIR SAGEN WERDE) (1 Mose 22,2); *Und halte ihr die Predigt, (die ich dir sagen werde)* (Jona 3,2); *Steh auf, geh in die Ebene, und dort werde ich mit dir reden* (Hesekiel 3,22).

Die Ungewißheit, in die Gott Menschen schickt, ist gerade ein Zeichen dafür, daß es sich bei diesen Menschen um Gerechte handelt, die ihr Gottvertrauen unter Beweis stellen können.

55,8a Liebe und Haß vernichten die Gewohnheit

VERS 3: UND ABRAHAM STAND FRÜH AM MORGEN AUF UND SATTELTE SEINEN ESEL.

Sagte R. Schimon ben Jochai: Liebe vernichtet die Gewohnheit (und Haß vernichtet die Gewohnheit.) UND ABRAHAM STAND FRÜH AM MORGEN AUF UND SATTELTE SEINEN ESEL. Und hatte er nicht viele Knechte? Aber Liebe vernichtet die Gewohnheit. Haß vernichtet die Gewohnheit. *Und es stand Bileam früh am Morgen auf und sattelte seine Eselin* (4 Mose 22,21). Und hatte er nicht viele Knechte? Aber Haß vernichtet die Gewohnheit.

Liebe vernichtet die Gewohnheit. *Und Joseph spannte seinen Wagen an und zog (seinem Vater entgegen)* (1 Mose 46,29). Und hatte er nicht viele Knechte? Aber Liebe vernichtet die Gewohnheit. Und Haß zerstört die Gewohnheit: *Und er spannte seinen Wagen an* (2 Mose 14,6). Und hatte er nicht viele Knechte? Aber Haß zerstört die Gewohnheit.

Sagte Schimon ben Jochai: Satteln steht wider Satteln. Es kam das Satteln, das unser Vater Abraham sattelte, zu gehen und den Willen dessen zu tun, der da sprach, und die Welt wurde geschaffen, denn es heißt: *Und Abraham stand früh auf*, und stand gegen das Satteln, das Bileam sattelte, sich auf den Weg zu machen und Israel zu verfluchen.

Es kam das Anspannen, das Joseph anspannte, (um seinem Vater entgegenzugehen), und stand gegen das Anspannen, das Pharao anspannte, sich auf den Weg zu machen und Israel zu verfolgen.

Bei R. Jischmael wurde gelehrt: Hand-Messer steht gegen Hand-Messer. Es kam das Messer, das Abraham, unser Vater, machte, wie es heißt: *Und Abraham streckte seine Hand aus und nahm (das Messer)* (1 Mose 22,10) und stand gegen das, was Pharao sagte: *Ich will mein Schwert ausziehen, und meine Hand soll sie verderben* (2 Mose 15,9).

Ausgangspunkt für die Erklärung ist wieder die genaue Beobachtung des Wortlauts. *Und er sattelte seinen Esel*. Er selber und nicht einer seiner Knechte. Dies verrät Abrahams ganze Hingabe an sein Vorhaben, das er auch bezüglich seiner Vorbereitungen nicht delegieren kann. Der aufmerksame Interpret findet nun denselben Wortlaut beim Erzfeind Israels, dem heidnischen Zauberer Bileam, der in der rabbinischen Literatur immer in den dunkelsten Farben dargestellt wird, und dessen endgültige Umkehrung des Fluchs zum Segen nicht ihm, sondern dem wunderbaren Wirken Gottes angerechnet wird.

Das typologische Heilsdenken, wonach eine Segenstat schon eine zukünftige Fluchtat vereitelt, ist nicht nur für die Rabbinen dieser Zeit verpflichtend, sondern faszinierte in demselben Maß auch das frühe Christentum. Vom Midrasch wird hier Beispiel an Beispiel gereiht, um dieses Schema eindrücklich zu untermauern.

55,8b Begleitung auch in zweifelhafter Mission

UND ER NAHM ZWEI KNECHTE MIT SICH.

Sprach R. Abbahu: Zwei Menschen handelten nach der Landessitte, Abraham und Saul. Abraham: *Und er nahm zwei Knechte mit sich*. Saul: *Und es ging Saul, und zwei Männer mit ihm* (1 Samuel 28,8).

Auch hier wagt der Midrasch wieder einen kühnen Vergleich. Die Akeda wird mit der berüchtigten Mission des Saul in Zusammenhang gebracht, bei der Saul sich entschließt, die »Hexe von Endor« aufzusuchen, um sein Schicksal zu erfahren. Inhaltlich ist diese Parallele interessant: Beide handeln an der Grenze des ethisch Vertretbaren. Obwohl es angeraten gewesen wäre, allein zu solchen Aufträgen zu gehen, ziehen Abraham und Saul es vor, nicht auf die Landessitte, in Begleitung zu reisen, zu verzichten.

55,8c Die in Frage gestellte Heilsabfolge

UND ER SPALTETE DIE OPFERHÖLZER.
R. Chija bar Josse sagte im Namen von R. Manischa nach der Lehrmeinung im Namen des R. Banaija: Durch das Verdienst der zwei Spaltungen, mit denen unser Vater (Abraham) die Opferhölzer spaltete, erreichte er, daß (der Heilige, gepriesen sei Er) das Meer für seine Söhne spaltete. UND ER SPALTETE DIE OPFERHÖLZER. Entsprechend: *Und es spalteten sich die Wasser* (2 Mose 14,21). Sprach R. Levi: Genug für dich bis hierher, sondern Abraham nach seiner Kraft und der Heilige, gepriesen sei Er, nach seiner Kraft.

Eine ganze Palette von Rabbinen wird von R. Levi widerlegt. Diese hatten zuvor, noch bestärkt durch den Plural an beiden Stellen – denn man hätte ja auch sagen können, »er spaltete das Opferholz« –, die übliche Heilstypologie angewandt: Die eine Heilstat bewirkt die andere. Hier meint R. Levi einschreiten zu müssen. Es gibt keinen Zwang im Handeln Gottes, und Gott läßt sich auch durch das Handeln seines treuen Dieners Abraham nicht in Beschlag nehmen. Jeder handelt nach seinem Vermögen. Gott und Mensch sind hier unvergleichbar. Diese Ironie, zu der die Midraschliteratur durchaus fähig ist, relativiert selbstkritisch manches, was zuvor mit großem Ernst gesagt wurde.

55,8d Das doppelte Verdienst

UND ER STAND AUF UND GING ZU DEM ORT ETC.
Lohn für das Aufstehen und Lohn für das Gehen.

Der anonyme Midrasch basiert wieder auf der genauen Textbeobachtung. Warum heißt es nicht einfach: *Und er ging*? Warum zuvor das scheinbar überflüssige *Und er stand auf*? Dies kann nur den einen Grund haben: doppelte Belohnung für den Erzvater Abraham.

PARASCHA 56

Parascha 56,1 Der bedeutungsvolle dritte Tag

VERS 4: AM DRITTEN TAG, UND ABRAHAM ERHOB SEINE AUGEN ETC.
Er macht uns lebendig nach zwei Tagen, (er wird uns am dritten Tage aufrichten) (Hosea 6,2). Am dritten Tag der Stämme: *Und es sprach zu ihnen Joseph: Am dritten Tag etc.* (1 Mose 42,18). Am dritten Tag nach der Gabe der Tora: *Und es war am dritten Tag am Morgen, da gab es Stimmen* (2 Mose 19,16). Am dritten Tag der Kundschafter: *Und ihr sollt euch da verbergen drei (Tage)* (Josua 2,16). Am dritten Tag von Jona: *Und es war Jona im Inneren des Fisches (drei Tage)* (Jona 2,1). Am dritten Tag der Rückkehrer aus dem Exil: *Und wir lagerten dort drei Tage* (Esra 8,15). Am dritten Tag der Totenauferstehung: *Er macht uns lebendig nach zwei Tagen, (er wird uns am dritten Tag aufrichten)* (Hosea 6,2). Am dritten Tag von Ester: *Und es war am dritten Tag, da zog Ester die Königswürde an* (Ester 5,1). Sie zog die Königswürde ihres Vaterhauses an, aufgrund welchen Verdienstes? Die Rabbanan und R. Levi. Die Rabbanan sagen: Aufgrund des Verdienstes des dritten Tages der Gabe der Tora. R. Levi sagte: Aufgrund des Verdienstes des dritten Tages von Abraham: *Am dritten Tage etc.*

Von der Form her handelt es sich hier, am Anfang einer neuen Perikope, wahrscheinlich um eine Petichta. Der Ausgangsvers ist Hosea 6,2, der Vers von der Auferstehung der Toten, der noch einmal[26] wiederholt wird. Die beeindruckende Zusammenstellung von Bibelstellen, die alle einen heilsgeschichtlichen Durchbruch am dritten Tag symbolisieren, verbindet die Geschichte der Akeda mit anderen Heilstaten der Bibel zu einer einzigartigen Heilsgeschichte. Die einzelnen Stellen, die bis auf die letzte aus dem Buch Ester nicht erklärt werden, sprechen für sich selber. Die Esterstelle fragt nach dem Ursprung dieser Kette von Heilstaten am dritten Tag; für R. Levi ist es die Akeda. So endet diese Petichta folgerichtig mit dem ersten Vers der Perikope.

---

26. Die Wiederholung kann irrtümlich sein. Wahrscheinlich ist es aber, daß dieses Stück ursprünglich so lautete, wie es hier steht, daß aber das Hoseazitat an den Anfang gestellt wurde, als diese Einheit zu einer Petichta umgeschrieben wurde, ohne daß man darauf Wert gelegt hat, das Zitat an der zweiten Stelle zu streichen.

Die Spannung von der ersten Stelle aus Hosea zur letzten aus 1 Mose 22 gibt der
Akeda eine neue Ausrichtung. Die Akeda symbolisiert die Auferstehung der Toten. So wird die zweite Bitte des jüdischen Stammgebets aus der Zeit Jesu, des
sogenannten Achtzehnbittengebets, traditionell die Bitte Isaaks genannt. Sie endet mit der Schlußformel: Gepriesen seist du, Herr, unser Gott, der du die Toten
lebendig machst.

Die zahlreichen Verweise des Neuen Testaments auf den dritten Tag und Jesu
Auferstehung am dritten Tag stehen ganz in dieser Linie jüdischer Heilsvorstel-
lungen.

56,2a Die sichtbare, unsichtbare Wolke über dem Berg

(UND ER SAH DEN ORT VON FERNE.)
Was sah er? Er sah eine Wolke, am Berg festgebunden. Er sprach: Es scheint
mir, daß dies der Ort ist, von dem der Heilige, gepriesen sei Er, gesprochen
hat, meinen Sohn dort zu opfern. Sprach er zu Isaak: Mein Sohn, siehst du,
was ich sehe? Er sprach zu ihm: Ja. Sprach er zu den zwei Knechten: Seht ihr,
was ich sehe? Sprachen sie zu ihm: Nein. Wenn es so ist, daß der Esel nichts
sieht, und ihr seht nichts, VERS 5: BLEIBT HIER MIT DEM ESEL.

Woher wissen wir, daß Knechte dem Esel <in ihrer rechtlichen Stellung>
gleichen? Aus dieser Stelle: BLEIBT HIER ETC. Die Rabbanan beweisen es
aus der Gabe der Tora: *Sechs Tage sollst du arbeiten und alle deine Arbeit
tun etc., dein Ochse und dein Esel* (2 Mose 23,12), Volk des Esels.

Sprach R. Jitzhak: In Zukunft wird der Ort von seinen Besitzern ferne
sein. Bis in Ewigkeit? Nein, es wird gelehrt: *Das ist mein Ruheplatz für
immer und ewig etc.* (Psalm 132,14). Bis der kommt, von dem es heißt:
Arm, und reitet auf einem Esel (Sacharja 9,9).

Die Wolkensäule ist ein Zeichen für die Gegenwart Gottes bei seinem Volk in
der Wüste. Sie wird zum Erkennungszeichen für den, dem nur gesagt war: *Gehe
zu einem Berg, den ich dir sagen werde.* Daß auch Isaak das sieht, was Abraham sieht – obwohl gar nicht gesagt wird, was er sieht – die Knechte aber
nichts sehen, führt zur Gleichstellung der Knechte mit dem Esel, wobei der
Esel als einziger nicht gefragt wird. Während andere Handschriften an dieser
Stelle das Wortspiel *im hahamor*, mit dem Esel, und bei gleichem Konsonantenbestand *am hahamor*, Volk des Esels, bringen, stellt Handschrift Vatikan 30
diese Formulierung an den Schluß der gesetzesrechtlichen Debatte über den
Rang der Knechte.

Die gesetzesrechtliche Schlußfolgerung aus diesem Schriftvers wird von den Rabbanan, der Rabbinermehrheit, abgelehnt, denn man darf nicht aufgrund von Erzählungen Recht sprechen. Sie schließen die in mancher Hinsicht erfolgte rechtliche Gleichstellung von Knecht und Esel daraus, daß beide in der Toragesetzgebung nebeneinander aufgeführt sind.

Die Anspielung auf den Esel wird aber nicht nur negativ gewertet. In Verbindung mit dem Tempel wird der Esel jetzt im Sacharja-Zitat zum Reittier des Messias und damit zum Zeichen der Hoffnung für das Kommen Gottes, der wieder in seinem Tempel, der solange von seinen Besitzern verlassen war, Wohnung nehmen wird. Daß sich die gleichen messianischen Bibelstellen im Neuen Testament wie in den rabbinischen Midraschim finden, darf nicht verwundern. Das Neue Testament ist in dieser Hinsicht ganz jüdisch, und die Rabbinen haben sich ihre Belegstellen nicht nehmen lassen, nur weil die Christen sie auch benutzten. Vielleicht haben sie nicht einmal davon gewußt.

56,2b Das Ende der Verheißung

UND ICH UND DER KNABE, WIR WOLLEN BIS DORTHIN (hebräisch: *ko*) GEHEN.

Sagte R. Jehoschua ben Levi: Wir wollen gehen und sehen, was das Ende von dem *ko* ist.

Das *ko*, auf das der Midrasch anspielt, ist das *ko* von 1 Mose 15,5. Dort hatte es geheißen: *Und er ließ ihn hinausgehen und sprach: Siehe gen Himmel und zähle die Sterne, kannst du sie zählen? So (ko) zahlreich sollen deine Nachkommen sein.* Das war bei der Ankündigung des Sohnes Isaak gewesen. Die Fortsetzung lautete: *Abraham glaubte dem Herrn, und das rechnete er ihm zur Gerechtigkeit.* Hiermit ist die ganze Spannung der Akeda zwischen Verheißung und Aufforderung zum Opfer aufgezeigt. Was kann aus der Verheißung werden, wenn Gott die Opferung des Erben der Verheißung befiehlt?

56,2c Die unbewußte Weissagung und die vom Tode rettende Anbetung

UND WIR WOLLEN ANBETEN UND ZU EUCH ZURÜCKKEHREN

So verkündigten sie die frohe Botschaft, daß er in Frieden vom Berg Moria zurückkehren werde.

Sprach R. Jitzhak: Alles wegen der Anbetung. Abraham kehrte im Frieden vom Berg Moria nur aufgrund des Verdienstes der Anbetung zurück,

denn es heißt: WIR WERDEN ANBETEN UND ZU EUCH ZURÜCKKEHREN.
Israel wurde nur aufgrund des Verdienstes der Anbetung erlöst: *Und das
Volk glaubte ... (und sie beteten an)* (2 Mose 4,31). Die Tora wurde nur
aufgrund des Verdienstes der Anbetung gegeben: *Und ihr habt von ferne
angebetet* (2 Mose 24,1). Hanna wurde nur aufgrund des Verdienstes der
Anbetung heimgesucht: *Und sie beteten dort den Herrn an* (1 Samuel 1,28).
Die Verbannten versammeln sich nur aufgrund des Verdienstes der Anbetung: *Und es wird an dem Tage sein, und er wird stoßen (in das Schofar ...
und sie werden den Herrn anbeten)* (Jesaja 27,13). Das Heiligtum wird nur
aufgrund des Verdienstes der Anbetung gebaut: *Erhebt den Herrn, unseren
Gott (und betet an)* (Psalm 99,5 und 9). Die Toten werden nur aufgrund des
Verdienstes der Anbetung leben: *Kommt, laßt uns anbeten und unsere Knie
beugen etc.* (Psalm 95,6).

Die unbewußte Prophezeiung bezieht sich auf den Plural der Bibelstelle. »Wir«,
also auch Isaak.

   In der Fortsetzung wird hier, wie schon früher zu anderen Themen, eine Zusammenstellung von wichtigen biblischen Heilstaten vorgenommen, die sich alle
nur aufgrund des Verdienstes der Anbetung ereignet haben. Hierzu gehört auch
die glückliche Wiederkehr Abrahams mit Isaak vom Berg Moria. Ihre Frömmigkeit hat sie vor dem Tode bewahrt.

56,3a Isaak mit dem Kreuz

VERS 6: UND ABRAHAM NAHM DIE OPFERHÖLZER (UND LEGTE SIE AUF
ISAAK).
   Wie jemand, der sein Kreuz auf seiner Schulter trägt.

Diese Stelle, anonym überliefert, wurde schon früh von christlichen Auslegern
als Belegstelle für die Wahrheit christlicher Theologie im jüdischen Midrasch in
Anspruch genommen. Die Akeda wäre dann ein jüdischer Hinweis auf die christliche Kreuzigung. Solch ein Bezug scheint aber unwahrscheinlich. Das Bild »sein
Kreuz auf sich nehmen« ist auch außerhalb des christlichen Denkens als Redewendung vorstellbar, kreuzigten doch die Römer Tausende von jüdischen Aufs-
tändlern. So oder so ist die Redeweise des Midrasch für christliche Ohren in besonderer Weise bestechend.

56,3b Das Verdienst durch das Schlachtmesser

UND ER NAHM IN SEINE HAND DAS FEUER UND DAS SCHLACHTMESSER
Sprach R. Chanina: Warum heißt es Schlachtmesser[27]? Es macht das Essen tauglich. Und die Rabbanan sagten: Alles Essen, das Israel zu sich nimmt
in dieser Welt, nimmt es nur zu sich aufgrund des Verdienstes dieses Schlachtmessers.

Wieder benutzt der Midrasch die ausgefallene biblische Sprache für seine Deutung. Das Wort *maachelet*, so etwas wie »Schlachtmesser«, von der Wurzel *achal*,
essen, gebildet, ist selten und kommt außerhalb der Akeda nur noch einmal in der
Bibel vor: in Richter 19,29, in der Erzählung von der grausamen Zerstückelung
des Kebsweibes des Leviten im Stammgebiet Benjamins. Der Verwendung dieses
seltsamen Wortes mißt der Midrasch heilsgeschichtliche Bedeutung zu.

56,4 Wie Isaak zur Opferung bereit wird

UND SIE GINGEN BEIDE MITEINANDER.
    Dieser zu binden, jener gebunden zu werden, dieser zu schlachten, jener
geschlachtet zu werden.
    VERS 7: UND ES SPRACH ISAAK ZU ABRAHAM, SEINEM VATER ETC.
    Kam Samael zu Abraham, unserem Vater. Sprach er zu ihm: Was, Groß-
vater, hast du dein Herz verloren? Den Sohn, den er dir mit hundert Jahren
gegeben hat, gehst du hin, zu schlachten? Sprach er zu ihm: Trotzdem. Sprach
er zu ihm: Und wenn er dich noch mehr versucht, kannst du bestehn? *Wenn
man ein Wort an dich versucht, ermüdest du* (Hiob 4,2)? Sprach er zu ihm:
Mehr als das. Sprach er zu ihm: Morgen sagt er zu dir, ein Blutvergießer
bist du, du bist schuldig, du hast sein Blut vergossen. Sprach er zu ihm:
Trotzdem.
    Weil er bei ihm keinen Erfolg hatte, kam er zu Isaak. Er sprach: Was,
Sohn der Verlassenen, er geht hin, dich zu schlachten. Sprach er zu ihm:
Trotzdem. Sprach er zu ihm: Wenn dem so ist, dann werden all jene Pracht-
gewänder, die deine Mutter für dich gemacht hat, Ismael, dem Hasser des
Hauses, zum Erbe fallen! Wenn auch das ganze Wort nicht verfing, so doch
ein Teil, wie es heißt: UND ES SPRACH ISAAK ZU ABRAHAM, SEINEM VA-
TER, UND SAGTE: (MEIN VATER) ETC. Warum *seinem Vater, mein Vater!*

27. Eigentlich »Eßmesser«.

zweimal? Damit er sich über ihn erbarme. UND ER SPRACH: HIER IST DAS
FEUER ETC. Sprach er zu ihm: Kümmere der sich darum, der ihn ange-
schrien hat. Auf alle Fälle: VERS 8: GOTT WIRD SICH DAS LAMM ERSE-
HEN. Und wenn nicht: DAS LAMM ZUM OPFER, MEIN SOHN. DAS LAMM
ZUM OPFER: MEINEN SOHN.
UND SIE GINGEN BEIDE MITEINANDER.
Dieser zu binden, jener gebunden zu werden, dieser zu schlachten, jener
geschlachtet zu werden.

Derselbe Wortlaut in Vers 6 und 8 des 22. Kapitels im ersten Buch Mose ist Ausgangspunkt für den Midrasch. Derselbe Wortlaut signalisiert einen Wandel. Ir-
gend etwas muß zwischen Vers 6 und 8 geschehen sein.
Um dies zu erklären, führt der Midrasch ein Ereignis an, wobei er die Bibel-
worte der betreffenden Verse in die Geschichte einbaut: die Begegnung Samaels
mit Abraham und Isaak. Samael ist der gefallene Bote Gottes in dessen Hofstaat,
der Ankläger, auch Satan genannt, der dafür zu sorgen hat, daß Gottes Heilswerk
nicht allzu glatt verläuft. Er ist Sand im Getriebe Gottes, und seine besondere
Aufgabe ist es hier, die Durchführung der Akeda und damit das Erlösungswerk
Gottes an Israel zu hintertreiben oder zu verhindern.
In der Begegnung mit Abraham stellt Samael drei Fragen und erhält ebenso-
viele Antworten. Die erste Frage bezieht sich auf den menschlichen Aspekt der
Akeda. Den Sohn, den Abraham nach soviel Warten und Bangen endlich hundert-
jährig geschenkt bekommen hat, will er jetzt opfern. Die Anrede Abrahams als
»Großväterchen« ist aber auch Anspielung auf die Gebrechlichkeit des Greises,
dessen Verstand und Herz sich vernebelt zu haben scheinen. Wie wäre sonst die
Absicht zu begreifen, seinen Sohn zu schlachten! Die Antwort des Abraham ist
ein Terminus der Rechtssprache. Das hier mit »Trotzdem« übersetzte Wort bedeutet vor Gericht: Ich kenne den Zusammenhang, ich weiß, wie wenig für meine
Entscheidung spricht, aber eingedenk aller Fakten entscheide ich mich dennoch
so, wie ich mich entscheide. Diese Antwort wiederholt Abraham noch einmal bei
der dritten Frage.
Die zweite Frage ist dem Hiobbuch entnommen, aus dem ja auch die ganze
Szene stammt. Samael hält Abraham vor: Jetzt stehst du in der Versuchung vor
Gott. Aber woher weißt du, daß, wenn du dies überstanden hast, die Versuchung zu Ende ist? Es wird immer schlimmer kommen, und irgendwann wirst
du zusammenbrechen. Dann ist es doch besser, da du es sowieso nicht zu Ende
führen kannst, hier innezuhalten und deinen Sohn am Leben zu erhalten. Abraham lehnt ab.
Die dritte Frage ist nun die Kernfrage zur Akeda überhaupt. Wer sagt dir, Abraham, eigentlich, daß es vor Gott wohlgefällig ist, deinen Sohn zu schlachten?

Vielleicht ist das ja gerade die Versuchung, der du dich mit ganzer Kraft widersetzen mußt. Ist dir nicht gesagt worden: Du sollst nicht töten? Auf diese letzte Anfrage, die man an die Akeda stellen kann, antwortet Abraham wieder mit der Rechtsformel:»Trotzdem!«, wie beim ersten Mal.

Da darüber hinaus keine Frage mehr zu stellen ist, seine Mission also von seinem Standpunkt aus bei Abraham gescheitert ist, wendet sich Samael an Isaak. Hier ist auffällig, daß Samael nur zwei Fragen stellt, wobei ihm die letzte nicht mehr beantwortet wird. Das heißt, bei Isaak hat Samael Erfolg. Isaak fällt um.

Bei der ersten Frage bleibt Isaak noch standhaft. Er antwortet mit der seinem Vater entliehenen Antwort:»Trotzdem«. Die Frage Samaels zielt direkt auf den wunden Punkt, die Mutter. Wer hat denn bisher die Rolle Saras bedacht? Sie wird nach deinem Tod die Verlassene sein. Da die erste Frage anscheinend noch nicht überzeugte, macht die zweite Frage den Tatbestand über jeden Zweifel erhaben deutlich: Wisse, lieber Isaak, das Ganze ist ein Komplott deines Erzfeindes Ismael gegen deine Mutter Sara mit dem stillschweigenden Einverständnis deines Vaters. Endlich siegen Hagar und ihr Sohn doch noch. Hat Abraham Hagar nicht widerwillig in die Wüste geschickt? Die Prachtgewänder, die deine Mutter mit soviel Liebe selber für dich bestickt hat, werden Ismael gehören. Hier, an diesem Punkt, bricht Isaak zusammen und wendet sich an seinen Vater.

Abraham antwortet mit einem aramäischen Sprichwort, das in seiner Bedeutung nicht mehr ganz zu klären ist, aber so viel besagt wie: Soll der Satan sich doch selber darum kümmern. Gib nichts auf seine Worte. Es handelt sich hier nicht um eine Familienintrige, hier gilt es einzig und allein, den Willen Gottes zu respektieren. Du halte dich an die Forderung Gottes.

Der Midrasch versucht den Bibeltext neu zu lesen. Was hat Abraham Isaak eigentlich in der Bibel geantwortet? Es war eine ausweichende Antwort, die trotzdem die Wahrheit enthielt, mehr als das: GOTT WIRD SICH DAS OPFERLAMM SCHON ERSEHEN. Der Midrasch liest die Antwort des Abraham zweimal. Da es keine Satzzeichen im ursprünglichen Midrasch gibt, muß man selber versuchen, richtig damit umzugehen. DAS LAMM ZUM OPFER – MEIN SOHN. Das ist der Satz. Das *mein Sohn* ist im Bibeltext sicher als Ausruf verstanden: Das Lamm zum Opfer, o mein Sohn! Aber kann man es nicht auch anders lesen? Gott wird sich das Lamm zum Opfer ersehen: meinen Sohn. Du bist es selbst. Isaaks Reaktion darauf gibt der Midrasch verhalten wieder. Der Bibeltext wiederholt den Satz von oben: *Und beide gingen miteinander.* Jetzt ist das Geheimnis der Wiederholung gelüftet. Beim ersten Mal war der eine wissend, der andere unwissend. Jetzt wissen es beide, und trotzdem gehen sie einträchtig miteinander weiter. Das heißt, Isaak hat die Forderung Gottes akzeptiert. Die Mission Samaels ist gescheitert.

56,5a Isaak war vor dem Satan versteckt

VERS 9: UND SIE KAMEN ZU DEM ORT, DEN ETC. (UND ER BAUTE DEN ALTAR).

Und wo war Isaak? Sagte R. Levi: Er hatte ihn genommen und versteckt, damit der, der ihn angeschrien hat, ihn nicht mit einem Stein bewerfe und für das Opfer untauglich mache.

Der Midrasch wundert sich über den Singular: *Und er baute.* Also, wo war Isaak? Die Erzählung vom Verstecken soll das Verschwinden Isaaks erklären. Wenn es dem Satan gelänge, Isaak zu verletzen, wäre seine Mission letztendlich doch erfolgreich. Denn ein verwundetes Opfertier darf man nicht opfern.

56,5b Die Engel der Völker und die Dienstengel

UND ES BAUTE DORT ABRAHAM DEN ALTAR, (UND BAND SEINEN SOHN ISAAK).

R. Chanana ben Jitzhak sagte: So wie Abraham, unser Vater, seinen Sohn Isaak unten band, fesselte der Heilige, gepriesen sei Er, die Fürsten der Völker der Welt oben. Aber sie hielten nicht stand. Als nämlich Israel sich selbst <von Gott> entfernte in den Tagen Jeremias, sprach zu ihnen der Heilige, gepriesen sei Er: Seid ihr überzeugt, daß jene Stricke noch halten? *Denn bleiben die Dornen (sirim) für immer gebunden?* (Nahum 1,10), (bleiben die Fürsten (sarim) für immer gebunden? Nein,) sondern *wenn sie trunken sind vom Trunk* (ebenda), werden ihre Fesseln frei werden: *Werden sie verzehrt wie völlig trockenes Stroh* (ebenda).

In der Stunde, da Abraham, unser Vater, seine Hand ausstreckte, um das Schlachtmesser zu nehmen und seinen Sohn zu schlachten, weinten die Dienstengel, wie es heißt: *Die Arielim schreien (draußen) etc.* (Jesaja 33,7). Was heißt *draußen* (hutza)? R. Asarja sagte: *Widernatürlich (hitza),* es ist widernatürlich, seinen Sohn eigenhändig zu schlachten. Und was sagten sie? *Die Wege sind verwüstet* (Jesaja 33,8). Abraham empfängt die Vorüberziehenden nicht. *Es geht niemand mehr auf der Straße (orach)* (ebenda). Wie geschrieben steht: *Für Sara hörte die Weise (orach) der Frauen auf* (1 Mose 18,11). *Der Bund ist gebrochen* (Jesaja 33,8). *Und mit Isaak werde ich meinen Bund aufrichten* (1 Mose 17,21). *Man verwirft die Städte* (Jesaja ebd.). *Und wohnte zwischen Kadesch und Schur* (1 Mose 20,1). *Er hat den Menschen nicht geachtet* (Jesaja ebd.). Bestand das Verdienst Abrahams tatsächlich nicht mehr?

Und wer sagt dir, daß hier nur von den Dienstengeln die Rede ist? Hier heißt es: *Oben auf das Holz*, und dort heißt es: *Die Seraphim standen oben über ihm* (Jesaja 6,2).

Ausgangspunkt für die beiden hier vorliegenden ganz unterschiedlichen Auslegungen zu dem Vers: *Und band Isaak, seinen Sohn* ist das Wort *oben* am Ende desselben Verses. Beide Auslegungen beziehen dieses Wort *oben* auf die Dienstengel beziehungsweise die Schutzengel der Völker.

Die Auslegung R. Chananas spricht von der Beziehung zwischen unten und oben. Wenn der Mensch unten Gottes Willen tut, handelt Gott in gleicher Weise zum Heil des Menschen oben. Menschliches und göttliches Verhalten entsprechen einander. Israel kann aber die Heilstat, die Abraham durch sein Werk erreicht hat, durch seine Sünde zunichte machen. Illustriert wird das durch die kunstvolle Auslegung eines Verses des Propheten Nahum. Unter Beibehaltung desselben Konsonantenbestandes des Wortes *sirim*, Dornen, liest der Midrasch mit anderer Vokalisierung *sarim*, Fürsten. Das »Trunken sein vom Trunk« ist die Sünde Israels. So sind die Stricke aus der Zeit der Bindung Isaaks längst verbrannt.

Durch andere Lesung des Bibeltextes, ohne in den Konsonantenbestand einzugreifen, legt der zweite, anonyme Midrasch diesen Vers aus. Durch die Auslegung einiger Verse von Jesaja 33 und später durch die Gegenüberstellung dieses Textes mit anderen Bibelstellen versteht es der Midrasch, die ganze Tragik und Furchtbarkeit der Akeda herauszustellen. Die Umformung des Wortes *hutza* (draußen) in *hitza* (widernatürlich), angewandt auf die Akeda, ist eine der stärksten Aussagen des Midrasch zu einem biblischen Text. Im folgenden wird Jesaja 33,8 Versstück für Versstück mit einem Vers aus der Abrahamsgeschichte konfrontiert, um damit anzuzeigen, wie verheerend sich die Opferung, würde sie vollzogen, auf das Schicksal Abrahams und seiner Familie auswirken würde. Dies käme der Vernichtung und Verwüstung des Landes gleich, vergleichbar mit der Katastrophe der Tempelzerstörung. Mit dem Ende des Verses aus Jesaja fragt der Midrasch, wie Gott eine solche Situation, in die Abraham geführt worden ist, bei den Verdiensten dieses Mannes überhaupt zulassen konnte.

56,6 Die Akeda und die Tauglichkeit von Schlachtmessern

VERS 10: UND ES STRECKTE ABRAHAM SEINE HAND AUS ETC.

Rav fragte R. Chaggai Rabba nach einer Meinung Rabbis: Woher wissen wir, daß man nur mit etwas Beweglichem schlachten kann? Von dieser Stelle: UND ES STRECKTE ABRAHAM SEINE HAND AUS ETC. Wenn er dies aus der Aggada lehrt, ist es ungültig, lehrt er es aber aus der Tradition, ist es gültig.

Levi lehrte, <Geräte>, wenn sie von Beginn an fest waren, sind untauglich, waren sie beweglich und dann fest, sind sie tauglich[28]. Wir haben gelernt: Wer mit einer Handsichel schlachtet, einem Felsstein oder einem Rohr, dessen Schlachtung ist tauglich. Sagte R. Josse bar Abin: Fünf Dinge sagte man von der Rohrstange, man schlachtet nicht damit, man beschneidet nicht damit, man schneidet damit kein Fleisch, man reibt nicht die Hände damit ab, und man säubert damit nicht die Zähne, weil ein böser Geist darüber wohnt.

Es ist erstaunlich, ein solch merkwürdiges Stück aus der Halacha, der Gesetzeslehre, wie es profaner kaum sein kann, mitten im spannungsgeladenen Ablauf der Akeda, direkt vor ihrem Höhepunkt, anzutreffen, zumal gesagt wird, daß man aus der Aggada, einer Erzählung – und darum handelt es sich bei der Akeda – keine Schlüsse für die Halacha ableiten darf. Zum Schluß wird das Ganze noch mit abergläubigen Geistervorstellungen verbunden, die ebenso wenig Halacha begründen dürften und die auch dem Vorhergehenden widersprechen. Will der Redaktor mit der Einordnung des Stückes an dieser Stelle die Spannung der Geschichte unterbrechen? Will er hier wirklich Halacha lehren? Oder will er fast zynisch die Grausamkeit der Akeda mitten im Schlachthaus-Milieu demonstrieren?

56,7a Abraham von Gott geliebt

VERS 11: UND ES RIEF IHN DER ENGEL DES HERRN VOM HIMMEL.
   Es lehrte R. Chija: Die Sprache der Liebe, die Sprache der Eile. R. Elieser ben Jaakov sagte: Für ihn und die Generationen. Es gibt keine Generation ohne jemanden wie Abraham, es gibt keine Generation ohne jemanden wie Jakob, es gibt keine Generation ohne jemanden wie Mose, es gibt keine Generation ohne jemanden wie Samuel.

Die Auslegung bezieht sich auf die Fortsetzung des zitierten Verses, das zweimalige *Abraham* im Munde des Engels. Die Interpretation des R. Chija trifft sicher die Intention des Bibeltextes. Der Gedanke Elieser ben Jaakovs ist wahrscheinlich so zu verstehen, daß Abraham in seiner Größe nicht nur sich selber repräsentiert, sondern auch seine Nachkommen, die Zukunft des ganzen Volkes, die jetzt gerade durch die Akeda gefährdet ist. Die im Folgenden zitierten Großen der Bibel, deren Reihe mit Abraham beginnt, werden alle einmal mit doppeltem Namensaufruf angeredet.

28. Handschrift Vatikan 30 liest fälschlicherweise: untauglich.

56,7b Abraham hätte sich selbst nicht verschont

VERS 12: UND ER SPRACH: STRECKE DEINE HAND NICHT AUS.

Und wo war das Messer? Es fielen die Tränen der Dienstengel darauf und machten es stumpf. Sprach er zu ihm: Ich will ihn erwürgen. Sprach er zu ihm: STRECKE DEINE HAND NICHT AUS GEGEN DEN JUNGEN. Sprach er zu ihm: Ich will aus ihm einen Blutstropfen pressen. Sprach er zu ihm: TUE IHM NICHTS, DENN JETZT WEISS ICH ETC. Ich habe es alle wissen lassen, daß du mich liebst und deinen Sohn, deinen einzigen, nicht verschont hast. Niemand soll sagen, daß die Schmerzen außerhalb des Körpers keine Schmerzen sind, sondern ich rechne es dir an, als hätte ich dir gesagt, opfere dich mir selbst, und du hättest dich nicht geweigert.

Wieder veranlaßt die genaue Beobachtung des Bibeltextes den Midrasch dazu, den Bibeltext in neuem Licht zu verstehen. Daß in bildlicher Rede davon gesprochen wird, daß Abraham an seinen Sohn Hand anlegen wollte, veranlaßt den Midrasch zu zwei Fragen: Wo war das Messer? Und wenn kein Messer vorhanden war, wollte er ihn denn mit den Händen erwürgen? Beides wird sehr einfühlsam und phantasiereich beantwortet. Gefaßt darauf, daß der Widersacher die Heilstat an Israel verhindern will, argwöhnt Abraham auch beim Erscheinen des Engels und läßt sich nur widerwillig von seinem Vorhaben abbringen.

56,8 Die Akeda als bloßes Mißverständnis

Es sagte R. Acha: Auch bei dir gibt es <also leere> Gerede. Gestern hast du mir gesagt: *Denn in Isaak soll genannt werden etc.* (1 Mose 21,12). Dann hast du es dir anders überlegt, und du sprachst zu mir: *Nimm doch deinen Sohn* (1 Mose 22,2). Und jetzt sagst du mir: *Strecke deine Hand nicht aus gegen den Jungen.*

Sprach zu ihm der Heilige, gepriesen sei Er: Abraham, *ich breche meinen Bund nicht etc.* (Psalm 89,35). Damals, als ich dir sagte: *Nimm doch bitte, etc.* (1 Mose 22,2). *Und was aus meinen Lippen hervorgeht, ändere ich nicht* (Psalm 89,35). So habe ich dir gesagt: Schlachte ihn? <Nein>, lasse ihn aufsteigen! Du hast ihn aufsteigen lassen, lasse ihn <jetzt> herabsteigen!

Der erste deutliche Protest des Abraham wird nicht belohnt. Um die Ehre Gottes zu retten, dem man einen solchen Vorwurf nicht machen darf – als hätte Gott eine solche Untat von seinem Freund Abraham verlangen können, wird Abraham als ein Tor erwiesen. Er hat Gott mißverstanden. Hierbei spielt der Midrasch wieder mit der Doppeldeutigkeit der hebräischen Sprache. Das Wort *opfere* heißt wörtlich *lasse aufsteigen*. Gott habe die wörtliche, profane Bedeutung des Wortes gemeint. Diese Theorie vom Mißverständnis wird dem Ernst der Akeda kaum gerecht. In der Vielfalt der Interpretationen hat aber auch eine solche ihr Recht. Sie hebt die anderen Deutungen nicht auf.

56,9a Die Erlösung danach

VERS 13: UND ABRAHAM ERHOB SEINE AUGEN UND SAH, (UND SIEHE, EIN WIDDER NACH).

Was bedeutet NACH?

Sagte R. Judan: Nach allen Geschehnissen wird Israel in Übertretungen festgehalten und verstrickt sich in Nöten, aber sein Ende wird sein, erlöst zu werden durch die Hörner des Widders, wie es heißt: *Dann wird der Herr, Gott, ins Schofar stoßen* (Sacharja 9,14). *Der Herr Zebaot wird euch schützen* (Sacharja 9,15).

Sagte R. Juda bar Simon: Nach allen Generationen wird Israel in Übertretungen festgehalten und verstrickt sich in Nöten, aber sein Ende wird sein, erlöst zu werden durch die Hörner des Widders, wie es heißt: *Dann wird der Herr, Gott, ins Schofar stoßen* (Sacharja 9,14). *Der Herr Zebaot wird euch schützen* (Sacharja 9,15).

Sagte R. Chanana bar Jitzhak: Alle Tage des Jahres wird Israel in Übertretungen festgehalten und verstrickt sich in Nöten, aber am Neujahr nimmt es seine Schofarhörner und bläst, und sein Ende wird sein, erlöst zu werden durch die Hörner des Widders, wie es heißt: *Dann wird der Herr, Gott, ins Schofar stoßen* (Sacharja 9,14). *Der Herr Zebaot wird euch schützen* (Sacharja 9,15).

R. Abba Sohn des Rav Papi, R. Jehoschua de-Sachnin im Namen R. Levis: Wie unser Vater Abraham den Widder im Dickicht verloren gehen, in jenem sich fangen, <und wieder> im Dickicht verloren gehen, in jenem sich fangen sah, sprach zu ihm der Heilige, gepriesen sei Er: Abraham, so werden in Zukunft deine Söhne sich in Königreichen verstricken, von Babel nach Medien und von Medien nach Griechenland und von Griechenland nach Edom[29], aber ihr Ende wird sein, erlöst zu werden durch die Hör-

---

29. Edom ist Chiffre für Rom oder das Christentum.

ner des Widders, wie es heißt: *Dann wird der Herr, Gott, ins Schofar stoßen* (Sacharja 9,14). *Der Herr Zebaot wird euch schützen* (Sacharja 9,15). Der Herr Zebaot möge uns schützen.

Alle vier Teile des Midrasch erklären in einer ähnlichen Weise das *nach* des Bibelverses. Alle deuten es zeitlich. Die Teile eins, zwei und vier sind eschatologisch ausgerichtet, das heißt, sie sprechen vom Ende der Zeiten, an dem die Erlösung erwartet wird. Das Stück drei ist auf den Jahreszyklus und den Versöhnungstag bezogen. Nach einem Jahr von Verstrickungen sühnt der Versöhnungstag. Das Verbindungsglied ist jeweils das Schofar, das am Neujahrstag, am Versöhnungstag sowie am Jüngsten Tag geblasen wird. Dieses Schofar ist das Horn des Widders, der an Isaaks Statt geschlachtet wurde. So sind Akeda und Erlösung unauflöslich miteinander verbunden.

56,9b Das vollkommene Ersatzopfer

UND ABRAHAM GING UND NAHM DEN WIDDER ETC.
 R. Judan im Namen R. Banajas: Er sprach vor ihm: Herr der Welt, siehe doch das Blut dieses Widders an, als wäre es das Blut Isaaks, meines Sohnes, die Eingeweide dieses Widders, als wären es die Eingeweide Isaaks, meines Sohnes. Denn so haben wir gelernt: dieses anstatt diesem. Anstatt diesem: im Austausch dafür, in Auswechselung dafür. Dieses soll Austausch sein.
 R. Pinchas im Namen R. Banajas: Er sprach vor ihm: Herr der Welt, sieh es doch so an, als ob ich erst Isaak, meinen Sohn, geopfert habe, und danach diesen Widder. Dieser nach ihm, wie es heißt: *Und es herrschte Jotam, sein Sohn, nach ihm* (2 Könige 15,7).
 Wie wir gelernt haben, wie das Lamm, wie die Ställe. R. Jochanan sagte: Wie das Lamm des täglichen Opfers. R. Schimon ben Lakisch sagte: Wie der Widder unseres Vaters Abraham. Dort[30] sagten sie: Wie ein Junges des Sündopfers. Es lehrte Bar Kapara: Wie ein Lamm, das noch nie gesaugt hat.

In den beiden ersten Auslegungen zu diesem Vers wird wieder ein Wort erklärt, das sich in der Fortsetzung des Textes findet, das hebräische Wort *tachat*: nach, anstatt. *Und er brachte ihn als Opfer anstatt seines Sohnes dar.* In der ersten Auslegung bezieht sich R. Judan, der sich auf R. Banaja, den Verfasser auch

30. In Babel.

der zweiten Auslegung, beruft, auf die Opfergesetzgebung. Im Mischnatraktat *Temura*, Ersatzopfer, ist nachzulesen, daß, wenn ein Opfer aus irgendeinem Grund ungültig geworden ist – zum Beispiel wenn das Opfertier verletzt wurde – ein Ersatzopfer dargebracht werden muß. Dieses Ersatzopfer ist in jeder Beziehung dem ursprünglich zum Opfer bestimmten Tier gleichgestellt und ihm ebenbürtig.

In der zweiten Auslegung zu diesem Text wird mit einem Schriftvers aus der Thronnachfolge argumentiert, in dem sich dasselbe Wort *tachat* findet. Der Sohn ist in gleicher Weise und Würde König wie sein Vater. So ist auch die Opferung des Widders von derselben Bedeutung, als wäre Isaak selber dargebracht worden.

Der dritte Teil der Auslegung ist ein halachischer, gesetzlicher, Abschnitt zum Problem. Die Formel: »Wie wir gelernt haben« besagt, daß das Folgende in der Mischna, der Grundlage des Talmud, steht. »Wie das Lamm, wie die Ställe« ist Zitat aus dem Traktat Nedarim 1,3 und meint hier: Wenn jemand von seinem Nächsten etwas bekommt, es nicht annehmen will und deshalb sagt: »Es sei mir wie ein Tempelopfer«, darf es von ihm nicht benutzt werden. Die Frage ist aber, was geschieht, wenn er eine Umschreibung benutzt, also nicht ausdrücklich »Opfer« sagt, wenn er also zum Beispiel »wie das Lamm, wie die Ställe« sagt? In diesem Fall wird in der Mischna entschieden, daß dies anzusehen ist, als hätte er gesagt: »Dies sei mir wie ein Opfer«. »Ställe« meint hier die Ställe auf dem Tempelplatz mit den zur Opferung ausgesonderten Tieren. An dieser Stelle interessiert aber nur das »Lamm«. In der Auslegung zur Mischna wird diskutiert, was mit »wie das Lamm« gemeint ist. Nach einer Ansicht ist dies das Opferlamm, das anstelle Isaaks geschlachtet wurde.

Diese ganze gesetzesbezogene Diskussion ist hier eingefügt, um den Gedanken der Vollwertigkeit der Opferung des Widders, der ja auch in den beiden ersten Teilen der Auslegung im Vordergrund stand, zu betonen. Die Akeda ist der Grund für die Erlösung Israels; so muß immer wieder betont werden, daß es sich um ein tatsächliches und gültiges Sühneopfer handelt. Diese Gedankenführung ist mit der neutestamentlichen Deutung des Todes Jesu durchaus vergleichbar.

56,10 Die Zukunft Jerusalems und das Gedenken der Akeda

VERS 14: UND ABRAHAM NANNTE DIESEN ORT: ER SIEHT.

R. Bibi Rabba im Namen R. Jochanans: Er sprach vor ihm: Herr der Welten, in der Stunde, als du mir sagtest: NIMM DOCH ETC. (1 Mose 22,2), hätte ich etwas zu antworten gehabt: Gestern hast du mir gesagt: *Denn in Isaak soll dir genannt werden etc.* (1 Mose 21,12). Und jetzt sagst du mir:

Nimm doch deinen Sohn, deinen einzigen etc. Aber, Gott behüte, ich habe nichts anderes getan als mein Erbarmen zu unterdrücken, um deinen Willen zu tun. So sei es auch dein Wille, Gott, in der Stunde, in der die Söhne Isaaks in Übertretungen geraten und Schlechtes tun, gedenke ihrer um der Akeda willen und erbarme dich über sie.

Abraham nannte ihn[31]: ER SIEHT. UND ER NANNTE DEN ORT: ER SIEHT. Sem[32] nannte ihn Salem: *Und Melchizedek, König von Salem* (1 Mose 14,18). Sprach der Heilige, gepriesen sei Er: Wenn ich ihn ER SIEHT (*jireh*) nenne, wie Abraham ihn genannt hat, so wird Sem, ein gerechter Mann, sich empören. Und wenn ich ihn *Salem* nenne, wie Sem ihn genannt hat, so wird Abraham, ein gerechter Mann, sich empören. Also werde ich ihn nennen, wie beide ihn genannt haben: Jerusalem, *Jireh* (er sieht) *Salem*.

R. Berachja im Namen des R. Chelbo: Als er noch Salem hieß, baute der Heilige, gepriesen sei Er, sich dort eine Hütte und betete in ihr, wie es heißt: *Und es war in Salem seine Hütte etc.* (Psalm 76,3). Und was sagte er: Es möge sein, daß sich im Bau mein Haus zeigen möge (*jireh*).

Eine andere Auslegung: Das lehrt, daß der Heilige, gepriesen sei Er, das Heiligtum erbaut, zerstört und erbaut zeigte. UND ER NANNTE DIESEN ORT, ER SIEHT: also gebaut, wie es heißt: *Dreimal im Jahr (soll erscheinen)* (5 Mose 16,16). DAHER SAGT MAN HEUTE, AUF DEM BERG: also zerstört, wie es heißt: *Auf dem Berg Zion verwüstet* (Klagelieder 5,18). ER SIEHT: Gebaut und vollkommen für die kommende Zukunft, wie es heißt: *Denn er baut Zion (und zeigt seine Herrlichkeit)* (Psalm 102,17).

Dieser Abschnitt enthält eine Reihe verschiedenster Erklärungen. Der erste Teil scheint eine Dublette zur Auslegung 56,8 zu sein.[33] Beide Auslegungen haben denselben Anfang, aber einen völlig unterschiedlichen Schluß. Dort war es die Einleitung zur Aufklärung des großen Mißverständnisses zwischen Abraham und Gott. Hier ist es die Bitte Abrahams an Gott, sich über die Nachkommen Isaaks in Anerkennung seines eigenen Gehorsams zu erbarmen, wenn sie in Not geraten.

Die zweite Erklärung bezieht sich auf den Ausdruck ER SIEHT. Hier wird eine schöne Namensetymologie für Jerusalem gegeben, die zwei Begriffe zusammenstellt, Jireh und Salem. In der Verbindung heißt Jerusalem dann übersetzt: »Er sieht Frieden!«[34]

31. Den Ort.
32. Einer der drei Söhne Noahs.
33. S. 46f.
34. Zweifelsohne ist dies ein ermunternder Midrasch in einer Zeit, in der die Kinder Isaaks und Sems gemeinsam in dieser Stadt leben.

Es schließt sich die Bemerkung R. Berachjas an, die nochmals das Wort *jireh*, ER SIEHT, aufgreift und die Hoffnung auf die Wiedererrichtung des Tempels ausdrückt.

Im letzten Midrasch geht es um eine Verheißung für die Zukunft, daß der Tempel nicht auf ewig zerstört sein wird. Der Midrasch erklärt dies mit der Zerlegung des Verses in drei Teile: ER SIEHT, BERG, ER SIEHT, zu denen er Parallelen findet, die von der Existenz des Tempels, seiner Zerstörung und seinem endgültigen Wiederaufbau reden.

56,11a Die Akeda, die letzte Versuchung Abrahams

VERS 15.16: UND ES RIEF DER ENGEL GOTTES ABRAHAM ZUM ZWEITEN MAL ETC. UND ER SPRACH: BEI MIR HABE ICH GESCHWOREN.
Warum war dieser Schwur nötig? Er sprach zu ihm: Schwöre mir, daß du mich und Isaak, meinen Sohn, nicht (mehr) versuchst, gleich einem Mann, der über ein Wasser springt und seinen Sohn mitreißt.
Eine andere Auslegung. Warum dieser Schwur? R. Levi im Namen des R. Chama bar Chanina: Er sprach zu ihm: Schwöre mir, daß du mich von jetzt ab nicht mehr versuchst. Gleich einem König, der mit einer vornehmen Dame verheiratet war. Sie gebar ihm einen ersten Sohn, und er ließ sich von ihr scheiden, einen zweiten, und er ließ sich von ihr scheiden, einen dritten, und er ließ sich von ihr scheiden. Als sie aber den zehnten von ihm gebar, versammelten sich alle und sprachen zu ihm: Schwöre uns, daß du dich von jetzt an von unserer Mutter nicht mehr scheiden lassen wirst. So war es auch, als Abraham zum zehnten Mal versucht wurde. Er sprach zu ihm: Schwöre mir, daß du mich von jetzt an nicht mehr versuchst.
Sprach R. Chanin: DENN WEIL DU DIESE SACHE GETAN HAST. Dies ist die letzte Versuchung, die alles aufwiegt. Wenn er diese letzte Versuchung nicht auf sich genommen hätte, hätte er alles verloren, was er getan hatte.

»Die letzte Versuchung« spielt auf eine Tradition an, nach der Abraham zehnmal von Gott versucht wurde. An einigen Stellen werden die zehn Versuchungen aufgeführt. Der Midrasch Pirke R. Elieser, der aus dem 8. Jahrhundert stammt, beschreibt alle zehn Versuchungen in besonderer Ausführlichkeit. In allen Fällen ist die Akeda jeweils die letzte Versuchung, weil darüber hinaus Größeres nicht vorstellbar ist.

Das Gleichnis des scheidungswütigen Königs, das ebenfalls an die zehn Versuchungen Abrahams erinnert, malt kein liebenswürdiges Bild von dem Gott, der Abraham versucht.

56,11b Der doppelte Lohn

VERS 17: DENN SEGNEN, SEGNEN WERDE ICH DICH ETC.
Segen für den Vater, Segen für den Sohn.
Mehren für den Vater, Mehren für den Sohn.

Die besondere Ausdrucksweise des Hebräischen, zur Verstärkung eines Gedan-
kens das entsprechende Wort in abgewandelter Form zu verdoppeln, dient dem
Midrasch wieder dazu, den biblischen Text neu auszulegen. Das zweimalige Wort
»Segen« soll Segen für Vater und Sohn bedeuten, genauso wie das folgende zwei-
malige »Mehren« der Nachkommenschaft, das selbstverständlich in besonderer
Weise Isaak, dem Nachkommen, gilt.

56,11c Der Fall der Feinde Israels

UND DEINE NACHKOMMEN WERDEN DAS TOR DEINER FEINDE ERBEN.
Rabbi sagt: Das ist Tadmor. Glücklich, wer den Fall Tadmors erleben
wird, das bei beiden Zerstörungen beteiligt war. R. Judan und R. Chuna.
Der eine von ihnen sagte: Bei der Zerstörung des Ersten Tempels stellte es
achtzigtausend Bogenschützen zur Verfügung und bei der Zerstörung des
Zweiten achttausend. Und der andere sagte: Bei der ersten Zerstörung vier-
zigtausend Bogenschützen und bei der zweiten viertausend.

Der besondere Zorn des Midrasch auf das biblische Tadmor, das antike Palmyra
in Syrien, mag mit der Bedrückung der Juden im Land Israel zur Zeit der Abfassung des Midrasch zusammenhängen. Tadmor steht sicherlich für eine Reihe von
Bedrückern Israels zu dieser Zeit und zu allen Zeiten.

56,11d Isaak bei Sem zum Lernen der Tora

VERS 19: UND ABRAHAM KEHRTE ZU SEINEN KNECHTEN ZURÜCK.
Und wo war Isaak?
R. Berachja im Namen der Gelehrten von dort[35]: Er schickte ihn zu Sem,
um bei ihm Tora zu lernen. Gleich einer Frau, die reich durch Spinnen ge-

---

35. Babel.

worden war. Sprach sie: Wahrhaftig, durch diese Fertigkeit bin ich reich geworden, so soll sie nie mehr von meiner Hand weichen. R. Josse ben Chanina sagte: Er schickte ihn in der Nacht fort wegen des <bösen> Blickes. Denn von der Stunde an, zu der Chananja, Mischael und Asarja aus dem Feuerofen hervorgekommen waren, wurde nicht mehr an sie erinnert. Wohin waren sie gegangen? R. Lasar: Sie kamen um im Speichel. R. Josse ben Chanina sagte: Sie starben am <bösen> Blick. R. Jehoschua ben Levi sagte: Sie wechselten ihren Ort und gingen zu Jehoschua ben Jehozadak, von ihm Tora zu lernen, wie es heißt: *Höre Jehoschua etc.* (Sacharja 3,8). R. Tanchum bar Abbuna im Namen von R. Chanina: Chananja, Mischael und Asarja stiegen deshalb in den Feuerofen hinab, damit an ihnen ein Wunderzeichen geschehe.

Der Midrasch kommt zum Schluß, und er tut das zielstrebig, obwohl die Auslegungen zum letzten Vers der Perikope auf den ersten Blick eher verworren erscheinen.

Wieder beginnt der Midrasch mit einer genauen Beobachtung des biblischen Wortlautes. UND ABRAHAM KEHRTE ZU SEINEN KNECHTEN ZURÜCK. Abraham alleine? Ohne Isaak? So drängt sich dem Midrasch die Frage geradezu auf: Und wo war Isaak?

Die erste Lösung, die der Midrasch bietet, ist für einen erbaulichen Schluß besonders geeignet, und so fügt der Druck auch folgerichtig und lehrreich ein: »Ebenso sprach auch Abraham: All das Gute, das mir widerfahren ist, geschah nur, weil ich mich mit der Tora und mit der Erfüllung der religiösen Pflichten beschäftigte, deshalb will ich auch, daß sie von meinen Nachkommen niemals vernachlässigt werde.« So hätte man die Akeda zum Abschluß bringen können, aber das hat dem Midrasch nicht genügt. Inmitten dieser lehrreichen Abhandlung über den Sinn und die Bedeutung des Torastudiums, besonders in einer solchen Situation der Lebensrettung, wird noch eine andere Möglichkeit erwogen. Vielleicht hatte Abraham ja Angst vor dem bösen Blick. Nur knapp dem Tode entronnen ist die Gefahr des Strauchelns besonders groß. Der Midrasch scheint diesen Gedanken hier nur zu äußern, um dadurch die Geschichte von den drei Männern im Feuerofen anschließen zu können. Sie findet sich am Ende des Danielbuches und berichtet von ebenso hervorragenden Glaubenszeugen wie Abraham und Isaak. Allerdings hat man von diesen Glaubensmännern nach dieser Tat nie mehr etwas gehört. Unter den verschiedenen Erklärungsversuchen findet sich auch die, daß sie vielleicht vor dem bösen Blick fliehen mußten.

Die zuerst erwogene Möglichkeit, daß sie im Speichel ertrunken sind, ist vielfach gedeutet worden: Einmal dahingehend, daß es sich um den Speichel der eifernden Heiden gehandelt hätte, die diese Demonstration göttlicher Macht an den Gottesmännern hätten rächen wollen, oder aber, so wird bemerkt, war dies vielleicht auch eine Strafe für früheren Götzendienst der am Ende so standhaften Männer, die doch, da sie die Allmacht Gottes kannten, nicht so abergläubisch hätten sein dürfen. Vermutlich ist dieser Gedanke im Hinblick auf die Akeda nicht so wichtig. Wichtiger ist schon die letzte Deutung, die wieder zu Isaak zurückführt und zu dem dort zuerst gezogenen Schluß. Auch die drei Männer aus dem Feuerofen machten sich nach der Rettung auf, um Tora zu lernen. Aber all dies scheint noch nicht der eigentlich Grund dafür zu sein, die Geschichte von der Akeda mit diesen fragwürdigen drei Männern abzuschließen. Ausschlaggebend ist das Ende, das Wort des R. Tanchum bar Abbuna: Die Tat der drei Männer in Babel war genauso mutig oder ebenso unerlaubt wie die des Isaak. Wer sagte ihnen denn, daß sie lebendig den Feuerofen verlassen würden? So oder so wollten sie ein »Zeichen« bewirken, entweder ein Wunder Gottes, der sie aus dem Ofen errettet, oder das Martyrium, den absoluten Gehorsam gegenüber dem fordernden Gott. Genauso hat aber auch Isaak gehandelt und ist im Vertrauen auf Gott, der von den Toten auferstehen lassen kann, dem Tod entgegengegangen. Seine Rettung ist eine ebensolche Wundertat wie die Rettung der drei Männer in Babylon aus dem Feuerofen. Wundertaten dienen dem Ruhm und der Verherrlichung Gottes. So ist am Ende Gott nicht nur Versucher, sondern mehr noch der Retter, Retter Isaaks und Retter Israels. Der Schluß der Geschichte kehrt zum Anfang zurück. Stand am Anfang ein Wunder (*nes*), so steht es auch am Ende (*mofet*). Am Ende der Versuchungen Abrahams wird gleichzeitig an den Beginn der Versuchungen verwiesen: die legendarische Errettung auch Abrahams aus dem brennenden Ofen[36].

---

36. Midrasch Tehilim 42,25. Vgl. weitere Stellen bei Ginzberg, The Legends of the Jews, Philadelphia 1938, Bd. VII, S.218.

Aus den späteren Midraschim

UND WO WAR SARA,
ALS ABRAHAM ISAAK OPFERN GING?

Noch mehr als Isaak ist seine Mutter, Sara, vom biblischen Autor vernachlässigt worden. Nachdem Sara Isaak entwöhnt und sie sich mit Abraham über die Magd Hagar und deren Sohn Ismael gestritten hat, wird sie in der Bibel nicht mehr erwähnt. In Kapitel 23, also nach der Akeda in Kapitel 22, wird nur noch ihr Tod mitgeteilt: *Und Sara war 127 Jahre alt und starb in Kiriat Arba* (1 Mose 23,1f.). Da dies im Anschluß an die Akeda erzählt wird, hat der Midrasch beide Ereignisse in Verbindung gesetzt: Sara stirbt infolge der Akeda.[37] Um so berechtigter ist also die Frage: Und wo war Sara, als Abraham Isaak zur Opferbank führte? Wie ist denn zu erklären, daß Sara infolge der Akeda starb? Im frühen Midrasch klingt dieser Gedanke zwar an, aber er wird nicht ausführlich behandelt. Sara wird darin nur einige Male erwähnt.[38] Anders der mittelalterliche Midrasch. Hier wird Sara zu einer herausragenden Gestalt in der Geschichte von der Bindung Isaaks.

Als Beispiel soll hier der Zusatz zum Midrasch Tanchuma[39] und die Erzählung im Sefer ha-jaschar[40] wiedergegeben werden. Allen diesen Texten

37. Bereschit Rabba 58,5.
38. In den betreffenden Paraschot 55 und 56 des Midrasch Bereschit Rabba dreimal, zuerst als Mutter ihres einzigen Sohnes Isaak, S. 30, dann im Klagegesang der Engel, S. 43, und indirekt in der Geschichte von der Begegnung Satans mit Isaak, S. 40ff.
39. Es handelt sich um einen Zusatz zum ursprünglichen Midrasch in der Ausgabe Tanchuma, Mantua 1563, vgl. das Vorwort des Druckers. Dieses Stück fehlt im Erstdruck Konstantinopel 1520 und in der Ausgabe S. Buber, Wilna 1885. Der Drucker Mantua, der auch zahlreiche andere Geschichten, die ihm schöner erschienen als das Original, in den Tanchumatext eingearbeitet hat, hat seine Vorlage in einem Legendenkreis gefunden, der in Midraschim wie dem Midrasch Akedat Jizhak (Handschrift Darmstadt 25) oder den Zufügungen zum Midrasch Wa-joscha zu finden ist. Diese Midraschim scheinen aus dem 11. oder 12. Jahrhundert zu stammen. Der Midrasch Tanchuma selbst ist in verschiedenen Versionen überliefert und zwischen dem 7. und 9. Jahrhundert entstanden.
40. Das Buch wurde zum ersten Mal in Neapel 1552 gedruckt und scheint nicht sehr viel früher entstanden zu sein. Es gibt vor, das Sefer ha-jaschar, das »Buch des Aufrechten« zu sein, das in der Bibel (vgl. Josua 10,13) erwähnt wird. Es erzählt die biblische Geschichte von der Erschaffung der Welt bis zum Auszug aus Ägypten nach – in flüssiger und dramatischer Weise im Stil der Zeit.

ist gemeinsam, daß Abraham mit einer List und einer Ausrede Isaak von
Sara trennt. Dies geschieht einerseits mit Rücksicht auf die Feinfühligkeit
von Sara, der Mutter, andererseits unterstreicht dies aber auch das Anrüchi-
ge der Akeda. Jedenfalls bringt es Abraham nicht fertig, mit Sara offen über
die Angelegenheit zu reden, die sie als Mutter mindestens in derselben Weise
angeht. Der Midrasch ist im weiteren Verlauf der Erzählung bereit, zugun-
sten Saras Abrahams Rolle in der Akeda als besonders niederträchtig zu
schildern.[41]

Abrahams Geheimhaltung vor Sara[42]

AM DRITTEN TAGE ERHOB ABRAHAM SEINE AUGEN UND SAH DEN ORT
VON FERNE (1 Mose 22,4).

Und warum am dritten Tage, und nicht am ersten oder zweiten Tag? Damit die Völker der Welt nicht sagen können: Er hat ihn verwirrt, so ging er
hin und schlachtete seinen Sohn.

UND ER SAH DEN ORT VON FERNE (1 Mose 22,4).[43]

Abraham sprach: Was tue ich, um es Sara beizubringen, <daß ich mit Isaak
weggehen will>? Denn Frauen sind in ihren Gefühlen schon durch eine
Kleinigkeit leicht beeinflußbar, um so mehr durch etwas so Wichtiges. Wenn
ich es ihr aber nicht anzeige und mich mit ihm davonstehle, wenn sie ihn
nicht sieht, wird sie sich umbringen. Was machte er? Er sprach zu Sara:
Kauf uns Essen und Trinken und wir wollen essen und froh sein. Sprach sie
zu ihm: Was unterscheidet diesen Tag von allen anderen, und was ist der
Grund für diese Freude? Sprach er zu ihr: Solche Alten wie wir, uns ist ein
Sohn im Alter geboren, Grund genug zum Essen, Trinken und zur Freude.
So ging sie und kaufte Essen. Als sie bei der Mahlzeit waren, sagte er:
Weißt Du, als ich drei Jahre war, kannte ich meinen Schöpfer. Dieser Junge
ist nun groß und nicht erzogen. Es gibt nun einen Ort, etwas entfernt von
hier, dort erzieht man die Jungen. Ich will nun Isaak nehmen und dort erzie-

---

41. Dies ist sicher beabsichtigt. Der Midrasch hat damit etwas von der Kritik an dem biblischen Geschehen vorweggenommen, wie man es in modernen feministischen Akedaschil-
derungen findet. Vgl. S. 79f.
42. Tanchuma Wa-jera 22, übersetzt nach der Ausgabe Mantua, Blatt 11d und 12a.
43. Der vorhergehende Text ist noch Original-Tanchuma. Das folgende Stück ist Einschub des
Herausgebers der Ausgabe Mantua, und, wie man sieht, hier falsch eingeordnet worden,
denn die Verabschiedungsszene zwischen Abraham und Sara hätte drei Tage früher erfol-
gen müssen.

hen lassen. Sprach sie zu ihm: Gehe in Frieden. Und sofort heißt es: UND ABRAHAM STAND AUF AM MORGEN (1 Mose 22,3). Warum am Morgen? Er sprach, vielleicht bereut es Sara und läßt uns nicht gehen. Ich will ganz früh aufstehen, bevor sie sich erhebt.

Und Sara weinte bitterlich[44]

Zu dieser Zeit geschah das Wort Gottes zu Abraham. Und Abraham sprach zu ihm: Hier bin ich. Und er sprach: Nimm doch deinen Sohn, deinen Einzigen, den du liebhast, den Isaak, und gehe in das Land Moria, und bringe ihn dort als Opfer dar auf einem der Berge, den ich dir zeigen werde (1 Mose 22,1-2), <erkennbar> an einer Wolke, der Ehrfurcht Gottes. Und Abraham sprach in seinem Herzen: Was soll ich tun, Isaak von Sara, seiner Mutter, zu trennen, um ihn Gott zum Opfer darzubringen? Und Abraham kam zum Zelt und setzte sich zu Sara, seiner Frau, und sprach zu ihr folgende Worte: Unser Sohn Isaak ist groß geworden und hat keine Gottesanbetung gelernt. Ich will jetzt morgen mit ihm hingehen und ihn zu Schem bringen und Eber, seinem Sohn,[45] und dort soll er die Wege Gottes lernen. Denn sie werden ihn lehren, Gott zu erkennen und ihn recht anzubeten zu jeder Zeit, und er wird ihm antworten und wissen lassen den Dienst des Herrn, seines Gottes. Und Sara sprach: Du hast gut gesprochen, geh und tue, was du gesagt hast. Jedoch entferne meinen Sohn nicht zu sehr von mir, und daß er dort nicht zu viele Tage verbringe, denn meine Seele ist mit seiner Seele sehr verbunden. Und Abraham sprach zu Sara: Meine Tochter, achte doch das Angesicht des Herrn, unseres Gottes, der uns das Gute beschert.

Und Sara nahm Isaak, ihren Sohn, und er schlief diese Nacht in ihrer Kammer, und sie küßte ihn und umarmte ihn und herzte ihn bis zum Morgen. Und sie sprach zu ihm: Mein Sohn, wie kann meine Seele sich von dir trennen. Und sie küßte ihn und umarmte ihn noch mehr und weinte mit ihm und befahl ihn Abraham, seinem Vater, an. Und Sara sprach zu Abraham: Wahrlich, mein Herr, behüte doch deinen Sohn, und richte deine Augen auf ihn, denn ich habe keinen anderen Sohn und keine Tochter, nur ihn. Verlasse ihn doch nicht, wenn er Hunger hat, gib ihm Brot zu essen, und wenn ihn dürstet, gib ihm Wasser zu trinken. Und laß ihn nicht zu viel auf seinen

---

44. Sefer ha-jaschar, Ausgabe Tel Aviv o.J., S.59.
45. Vgl. 1 Mose 10,21.

Füßen laufen und nicht in der Sonne sitzen. Und laß ihn auch niemals alleine auf dem Wege gehen, und laß ihn nicht Mangel haben an allem, was er bittet, und erfülle ihm jeden Wunsch. Und Sara weinte noch viel bitterlicher über Isaak in jener Nacht und herzte ihn bis zum Morgen. Und am Morgen nahm Sara das schönste von allen Kleidern im Haus, die ihr Abimelech[46] gegeben hatte, und bekleidete damit Isaak, ihren Sohn, und setzte ihm einen Turban auf sein Haupt und band einen Edelstein in seinen Turban. Und gab ihnen Wegzehrung. Und sie zogen aus, und Isaak und sein Vater machten sich auf den Weg, und es zogen mit ihnen Knechte, ihnen das Weggeleit zu geben. Und auch Sara zog mit ihnen aus und ging mit ihnen des Weges, ihnen das Geleit zu geben. Sie aber sprachen zu ihr: Kehr um, geh zu deinem Zelt. Und Sara hörte die Worte ihres Sohnes Isaak und weinte bitterlich, und auch Abraham, ihr Mann, weinte mit ihr. Und auch Isaak, ihr Sohn, weinte mit ihr sehr bitterlich. Und alle, die ihnen das Geleit gaben, weinten ohne Ende. Und Sara hielt Isaak, ihren Sohn, fest, umklammerte ihn mit ihren Armen, umarmte ihn und küßte ihn und fuhr fort zu weinen. Und Sara sprach: Wer weiß, ob ich dich von diesem Tag an noch einmal sehen werde, mein Sohn. Und sie weinten noch sehr viel mehr. Und Abraham und Sara und Isaak und alle, die ihnen das Geleit gaben, weinten und weinten. Danach kehrte Sara um und trennte sich von Isaak unter großem Weinen. Und alle ihre Mägde und Knechte kehrten mit ihr um in das Zelt. Und Abraham ging mit Isaak, seinem Sohn, um ihn als Opfer darzubringen, wie der Herr befohlen hatte.

Es folgen dann kürzere und längere Auszüge über den weiteren Verlauf der Akeda. Wenn uns der Stil auch fremd erscheinen mag, so darf man nicht vergessen, daß der Erzähler auf seine Weise versucht, sich in das ganze Elend, das die Familie ergriffen hat, einzudenken und es zum Ausdruck zu bringen. Besonders bemerkenswert ist hier die Rolle der Sara, die immer mehr im Fortgang des Geschehens zur Hauptperson wird, die sich auch nicht mit frommen Erzählungen abspeisen läßt, Initiative ergreift, Isaak und ihren Mann auf den Weg begleitet und eigentlich schon alles weiß, was da kommen soll. Sie, Sara, die in der Bibel so stiefmütterlich behandelt wurde, wird zur eigentlichen Heldin des Geschehens. Sie ist die, für die kein rettender Engel erscheint, und kein Ersatzwidder gefunden wird, und sie ist es, die schließlich wirklich umkommt, wie aus dem nächsten Abschnitt ersichtlich werden wird.

46. 1 Mose 20.

Saras Tod nach der Begegnung mit dem Satan

Der späte Midrasch weiß nämlich zu berichten, daß Satan, nachdem er vergeblich versucht hatte, Abraham und Isaak von ihrem Tun abzuhalten,[47] auch Sara begegnete. Hier soll zuerst die Version aus den Erweiterungen des Midrasch Tanchuma und dann die Schilderung im Sefer ha-jaschar mitgeteilt werden. Die Erzählung in der Tanchuma ist hier von den beiden anderen Begegnungen abgetrennt und nach der fast vollzogenen Opferung auf dem Berg Moria eingeschoben worden:[48]

Zu jener Stunde ging Satan zu Sara und erschien ihr in der Gestalt, die der Isaaks ähnlich war. Als sie ihn sah, sprach sie zu ihm: Mein Sohn, was hat dir dein Vater angetan? Sprach er zu ihr: Mein Vater hat mich genommen, mich Berge hinaufgeführt und in Ebenen heruntergeleitet und mich dann auf den Gipfel eines Berges gebracht, dort einen Altar gebaut, die Vorbereitungen getroffen und die Hölzer angeordnet. Dann hat er mich auf dem Altar gebunden und das Messer ergriffen, mich zu schlachten. Und hätte der Heilige, gepriesen sei Er, nicht gesagt: STRECKE DEINE HAND NICHT AUS GEGEN DEN KNABEN, so wäre ich jetzt geschlachtet. Er hatte noch nicht zu Ende geredet, da verließ sie ihre Seele, wie es heißt: *Und es kam Abraham, um Sara zu betrauern und sie zu beweinen* (1 Mose 23,2). Woher kam er? Vom Berg Moria.

Die Erzählung im Sefer ha-jaschar ist eine literarische wie inhaltliche Bearbeitung des Vorhergehenden und sicher, was die Person der Sara angeht, eine Überhöhung des Geschehens. Es ist fast ein *Happy-End*, denn wie könnte eine Mutter, die dies alles erfahren hat, mit diesem Mann Seite an Seite weiterleben. Im Sefer ha- jaschar begegnet Satan ähnlich der Vorlage Midrasch Akedat Jizhaq der Sara zweimal:[49]

Und Satan kam zu Sara in der Gestalt eines alten, niedergebeugten und über die Maßen demütigen Mannes. Zur selben Stunde aber brachte Abraham das Brandopfer dem Herrn dar. Und Satan sprach zu ihr: Kennst du denn nicht die ganze Tat, die Abraham heute an deinem Sohn verübt? Er hat doch Isaak genommen, einen Altar gebaut, ihn geschlachtet und auf dem Altar dargebracht. Isaak aber hat geschrien und geweint vor seinem Vater. Keiner

---

47. Vgl. S. 40ff.
48. Ausgabe Mantua, 12b.
49. A.a.O., S. 63f.

hat aber hingesehen und keiner hat sich über ihn erbarmt. Satan aber wiederholte diese Worte an Sara noch ein paar Male und verließ sie danach. Sara hörte die Worte des Satans und dachte, daß der Alte einer von den Männern war, die bei ihrem Sohn gewesen waren und der ihr deshalb etwas wie diese Worte erzählte. Und Sara erhob ihre Stimme, weinte und stieß einen fürchterlichen und bitteren Schrei aus über ihren Sohn, fiel auf die Erde und warf Asche auf ihr Haupt. Dann sprach sie: Mein Sohn, Isaak, mein Sohn. Wer gibt es, daß ich heute meinen Tod für den deinen geben könnte. Dann fuhr sie fort zu weinen und sprach: Ich traure über dich, denn ich habe dich großgezogen und gehätschelt. Jetzt aber wurde meine Freude in Trauer umgekehrt. Denn wie habe ich mich nach dir gesehnt in Klagen und Beten, bis ich dich in meinem neunzigsten Jahr geboren habe. Und jetzt an diesem Tag bist du zum Opfer des Schlachtmessers und des Feuers geworden. Aber ich tröste mich über dich hinweg am Wort Gottes, mein Sohn, denn du hast den Befehl Gottes ausgeführt. Wer kann schon den Befehl Gottes übertreten, der das Leben eines jeden in seiner Hand hält. Gerecht bist du, Herr, unser Gott, denn alle deine Taten sind gut und gerade. Auch ich freue mich über deine Worte, die du befohlen hast, aber mein Auge weint bitterlich, während sich mein Herz freut. Dann legte Sara ihr Haupt in den Schoß einer ihrer Mägde und verstummte wie ein Stein.

Danach stand sie auf, ging hin und her und fragte, ging bis Hebron und fragte alle Vorbeigehenden, die sie traf, aber niemand konnte ihr sagen, was mit ihrem Sohn geschehen sei. Und sie kam mit ihren Mägden und Knechten nach Kiriat Arba, das ist Hebron. Und fragte nach ihrem Sohn und verweilte dort und schickte von ihren Knechten aus, zu erkunden, wohin Abraham und Isaak gegangen seien. Und sie gingen und suchten sie im Haus des Schem und des Eber[50] und fanden sie nicht, und sie suchten im ganzen Land – nichts.

Und siehe, Satan kam zu Sara <zum zweiten Mal> in der Gestalt eines Mannes, kam und stellte sich vor sie hin und sprach zu ihr: Ich habe dich angelogen, denn Abraham hat Isaak, seinen Sohn, nicht geschlachtet, und er ist nicht tot. Und als sie das hörte, freute sie sich über ihren Sohn über alle Maßen, so daß in ihrer Freude ihre Seele aus ihr ausfuhr. So starb sie und wurde zu ihrem Volk versammelt.

---

50. Vgl. S. 52ff.

VON TOD UND AUFERSTEHUNG ISAAKS

Im späteren Midrasch findet sich vereinzelt auch die Überlieferung, daß Isaak wirklich umgekommen ist. Daß Abraham seinen Sohn tatsächlich geschlachtet hat, scheint der Bibelaussage zu widersprechen und forderte eine Reihe mittelalterlicher Bibelexegeten zu heftiger Kritik heraus. Daher findet sich auch in keinem Midrasch die ausdrückliche Feststellung, daß Abraham Isaak getötet hat. Die Aussagen sind meist sehr allgemein formuliert. So sei Isaak zum Beispiel umgekommen, als er das Messer sah. Und auch diese Auslegung findet sich erst in mittelalterlichen Midraschim. Wenn die Tradition auch spät belegt ist, so gibt es doch frühe Hinweise auf einen möglichen Tod Isaaks, so die Erwähnung der Asche in der frühen jüdischen Liturgie. Auch im Neuen Testament gibt es Andeutungen in dieser Richtung. Im Hebräerbrief 11,17ff., heißt es: »Im Glauben hat Abraham den Isaak dargebracht, als er versucht wurde, und er gab den einzigen Sohn dahin, er, der die Verheißung empfangen hatte und zu dem gesagt war: In Isaak wird dir Same genannt werden. Er dachte aber, daß Gott imstande sei, auch von den Toten zu erwecken. Daher erhielt er ihn auch im Gleichnis zurück«. Dieselbe Tradition scheint in Römer 4,17 vorhanden zu sein. Dies können durchaus frühe Hinweise auf eine alte Tradition im Judentum sein, die dann – wie so vieles – erst spät in den schriftlichen Midrasch aufgenommen worden wäre.

Wenn vom Tod Isaaks im Midrasch die Rede ist, schließt sich immer ein Hinweis auf die Auferstehung an. Es mag paradox klingen, aber die Auferstehung Isaaks ist sogar besser und früher bezeugt als sein Tod. Abgesehen von dem bereits oben zitierten Hebräerbriefabschnitt findet sich dieser Gedanke als Andeutung im Namen der zweiten Bitte des Achtzehnbittengebets, der sogenannten Isaakbitte, deren Schlußformel lautet: »Gepriesen seist du, Herr, unser Gott, der du die Toten auferweckst«, eine Formel, die auch im Neuen Testament häufig zitiert wird. Seit alters her trägt diese Bitte den Namen Isaaks. Isaak ist somit der erste biblische Zeuge der Auferstehung.

Die Tradition von Tod und Auferstehung Isaaks ist zum ersten Mal in dem frühmittelalterlichen Midrasch *Pirke de Rabbi Elieser* belegt, der in der Frühzeit des Islam wahrscheinlich im 8. Jahrhundert im Lande Israel entstanden ist. Pirke de Rabbi Elieser ist kein Midrasch im eigentlichen Sinn, sondern ähnlich wie das Sefer ha-jaschar eine Nacherzählung der biblischen Geschichte bis zum Tod des Mose. Das Buch ist allerdings nicht zum Abschluß gekommen. Im 31. Kapitel enthält Pirke de Rabbi Eliezer als zehnte Versuchung Abrahams die Akeda des Isaak. Höhepunkt sind hier Tod und Auferstehung Isaaks. Um etwas von der Schönheit der Erzählkunst und dem Phantasienreichtum dieser Zeit mitzuteilen – weil dieser Midrasch sich besonderer Beliebtheit im Judentum erfreute, und weil auf einige der folgenden Stücke im liturgischen Psalm des nächsten Kapitels angespielt wird sollen hier über den Abschnitt von Tod und Auferstehung des Isaak hinaus noch weitere markante Stücke des Midrasch in Auswahl mitgeteilt werden:

Auszüge aus Pirke de Rabbi Elieser, *Kapitel 31*

Abraham stand früh am Morgen auf und nahm Ismael, Eliezer[51] und Isaak, seinen Sohn. Und sattelte den Esel. Dieser Esel ist das Füllen der Eselin, das in der Abenddämmerung[52] geschaffen wurde, wie es heißt: UND ABRAHAM STAND FRÜH AM MORGEN AUF UND SATTELTE DEN ESEL[53] (1 Mose 22,3). Das ist der Esel, auf dem Mose ritt, als er nach Ägypten kam, wie es heißt: *Und es nahm Mose seine Frau und seine Söhne und setzte sie auf den Esel* (2 Mose 4,20). Das ist der Esel, auf dem in Zukunft der Sohn Davids reiten wird, wie es heißt: *Freue dich sehr, Tochter Zions, und jubele, Tochter Jerusalem, siehe dein König kommt zu dir, gerecht und ein Helfer, arm und reitet auf einem Esel, auf einem Füllen der Eselin* (Sacharja 9,9). ...

Es sagte Rabbi Jischmael: Als sie zu demselben Platz kamen, zeigte der Heilige, gepriesen sei Er, Abraham den Altar und sagte: Dies ist der Altar. Dies ist der Altar, auf dem der erste Adam in der Vorzeit opferte. Dies ist der Altar, auf dem Kain und Abel opferten, dies ist der Altar, auf dem Noah und seine Söhne opferten, wie es heißt: *Und es baute Noah einen Altar für den Herrn.* Hier heißt es: *Und er baute den Altar* (1 Mose 22,9)[54], der Altar, auf dem die Vorfahren geopfert hatten. ...

R. Jehuda sagt: Als das Schwert an seinen Hals kam, entschwand die Seele Isaaks und fuhr aus ihm aus. Als er Seine Stimme zwischen den Cherubinen hörte, die sagte: STRECKE DEINE HAND NICHT AUS GEGEN DEN KNABEN (1 Mose 22,12), kehrte seine Seele in seinen Körper zurück. Er[55] band ihn los und er[56] stellte sich auf seine Füße, und so erkannte Isaak die

---

51. Der Knecht Abrahams.
52. Des sechsten Tages. In dieser Übergangszeit zwischen letztem Schöpfungstag und Schabbat in der Schöpfungswoche sind nach einer jüdischen Tradition alle Übel der Welt, aber auch alle Heilsmittel geschaffen worden.
53. Aus dem Wortlaut:»den Esel« mit bestimmtem Artikel schließt der Midrasch, daß es sich um den von alters her bekannten Esel handeln muß.
54. Wieder mit bestimmtem Artikel.
55. Abraham.
56. Isaak.

Auferstehung aus der Tora[57], daß alle Toten zukünftig leben werden. In jener Stunde eröffnete <Isaak das Gebet> und sprach: »Gepriesen seist Du Herr, der die Toten auferweckt«.[58]

Rabbi Sacharja sagt: Jener Widder, der in der Abenddämmerung[59] geschaffen worden war, lief herzu und wollte sich anstelle Isaaks opfern lassen, Satan aber stand da und wollte ihn hindern, um das Opfer unseres Vaters Abraham zu vereiteln; so verfing er sich mit seinen zwei Hörnern zwischen den Bäumen, wie es heißt: UND ABRAHAM ERHOB SEINE AUGEN UND SAH: SIEHE, EIN WIDDER (1 Mose 22,13). Was tat der Widder? Er streckte seinen Fuß aus nach dem Tallit (Gewand) des Abraham. Abraham schaute hin, sah den Widder, nahm ihn, befreite ihn und opferte ihn an Isaaks Statt, wie es heißt: UND ABRAHAM GING UND NAHM DEN WIDDER UND OPFERTE IHN AN SEINES SOHNES STATT (ebenda). ...

R. Hanina Ben Dossa sagt: Von diesem Widder ging nichts verloren. Die Asche des Widders ist die Grundlage für den inneren Altar, wie es heißt: *Und Ahron soll auf diesen Hörnern <des Altars> einmal im Jahr die Sühnung vollziehen* (2 Mose 30,10). Die Sehnen des Widders sind zehn, gegenüber den zehn Saiten der Harfe, auf denen David spielte. Das Fell des Widders war der Gürtel um die Lenden Elias, wie es heißt: *Und sie sprachen zu ihm: Er war ein Mann mit langen Haaren mit einem Ledergürtel als Gürtel um seine Lenden* (2 Könige 1,8). Die beiden Hörner des Widders: Von dem linken hörte man den Schall auf dem Berg Sinai, wie es heißt: *Und es war der Schall des Schofars* (2 Mose 19,19). Das rechte Horn ist aber größer als das linke, auf ihm wird man in Zukunft bei der Sammlung der Zerstreuten blasen, wie es heißt: *Und an jenem Tag wird er in das große[60] Schofar stoßen* (Jesaja 27,13), und es heißt: *Und der Herr wird König sein über die ganze Erde* (Sacharja 14,9).

---

57. Dies ist eines der wenigen Dogmen im Judentum, das Bekenntnis, daß die Auferstehung in der Tora bereits festgelegt ist.
58. Abschluß der zweiten Bitte des Achtzehnbittengebets.
59. Vgl. Anmerkung 52.
60. Auf Grund des »groß« an dieser Stelle wird behauptet, daß das rechte Horn größer ist als das linke. Zur Posaune am Jüngsten Tag vgl. auch 1 Korinther 15,52.

Ein Psalm von der *Bindung Isaaks*

Die Erzählung von der »Bindung Isaaks« beschäftigte nicht allein die Autoren der Midraschim und die Bibelausleger. Auch die antiken und mittelalterlichen synagogalen Psalmendichter nahmen sich schon früh des Stoffes an. Bereits aus der ersten Blütezeit der synagogalen Dichtung im Land Israel im sechsten Jahrhundert sind Dichtungen mit der Bindung Isaaks als Thema bekannt. Diese Psalmen wurden Akedot genannt. Besonders in der für Juden schweren Leidenszeit der Kreuzzüge nahm die Akedotdichtung an Fülle und Tiefe zu. Dutzende von Akedot wurden in Deutschland geschrieben, einem der Ursprungsländer der Kreuzfahrer und dem Land, das die meisten jüdischen Opfer während der Kreuzzüge aufzuweisen hatte. Eine der Akedot aus jener Zeit soll hier wiedergegeben werden, um einen Eindruck von der Tiefe dieser Literatur zu vermitteln und zu zeigen, wie biblische Geschichte mit der eigenen Leidenssituation in Zusammenhang gebracht wurde, und wie Juden dieses Thema als Herausforderung gegenüber christlicher Leidenstheologie und Kreuzestod Jesu verstanden haben.

Die hier wiedergegebene Akeda ist von Efraim ben Jakob aus Bonn verfaßt worden. Sie besteht aus 26 Strophen, jede Strophe wiederum aus 4 Versen, wobei der letzte Vers jeweils ein Schriftzitat ist. Er ist aus seinem biblischen Kontext zumeist so weit herausgelöst, daß er innerhalb der Geschichte von der Bindung Isaaks einen neuen Sinn erhält. Nur selten stammt der Vers aus der biblischen Erzählung von der Bindung Isaaks selbst. Jede Strophe mit Ausnahme der letzten ist nach dem Schema AA BB gereimt. Die ersten 12 Strophen bilden einen Atbasch, jeweils bestehend aus den Anfangsbuchstaben des ersten und dritten Verses.[61] Nach dem Atbasch findet sich der Verfassername und eine Wunschformel: »Ephraim ben Jakob, er möge stark werden in der Einhaltung der Tora und der Gebote«.[62]

---

61. Ein Atbasch ist eine ganz bestimmte systematische Anordnung der hebräischen Buchstaben. Ihm würde ein A-Z-B-Y in unserem lateinischem Alphabet entsprechen.
62. In der Übersetzung wurde versucht, etwas von diesem Stil, soweit das im Deutschen möglich ist, nachzuahmen. Der Psalm wurde von mir zum erstenmal in einem Artikel zum 70. Geburtstag meines Lehrers Helmut Gollwitzer veröffentlicht. Statt »Atbasch« findet sich eine Widmung, die sich auf ihn bezieht. Sie ist hier nach seinem Tod verändert worden. Auch die Übersetzung wurde überarbeitet.

Der Text

Herr, meiner Väter gedenke ich
 heute vor Dir, der Du prüfst und kennst mich.
Es sei das Verdienst der Väter den Söhnen erkoren.
 Greiser Vater und Sohn, im Alter geboren.[63]

Laß, mein Freund, deinen Einzigen sein Leben
 auf einem der Berge mir als Opfer geben.
Mir soll zum Brandopfer der, den du liebst, taugen,
 nimm nur diese, denn sie gefällt meinen Augen.[64]

Und batest ihn, im letzten Versuch zu bestehen,
 wie der König den Held, siegreich hervorzugehen.
Tatsächlich geprüft von starken Mächten!
 der Herr prüft den Gerechten.[65]

Gab sein Blut, wie ein Wildesel schrie er:
 »Mein Blut, mit dreizehn gab ich es her.«
»Oh«, flüstert der Geliebte, »wenn's dem Herrn gefällt,
 Er auch das Ganze erhält.[66]

Lerne, eilend die Wohltat verehrend
 selbst seinen Esel zu satteln begehrend,
Liebe hebt auf aller Welten Größe!
 Des Herren Weisheit auf Grenzen stöße?[67]

63. 1 Mose 44,20, aus der Josepherzählung. Die erste Strophe nimmt Bezug auf die erste Bitte des Achtzehnbittengebets. Das Verdienst der Väter tritt für die Sünde der Söhne ein.
64. Richter 14,3, gemeint ist ursprünglich die Philisterin Dalia, die Geliebte Simsons. Die Bezeichnung Abrahams als »Freund« bezieht sich auf Jesaja 41,4. Von hier ist die Bezeichnung auch ins Arabische übernommen worden. So heißt die Stadt Hebron »El-Halil«, die Stadt »des Freundes«.
65. Psalm 11,5. Die Strophe spielt auf das Gleichnis im babylonischen Talmud Sanhedrin 89b an: »Und er sprach: Nimm doch Deinen Sohn. Sprach Rabbi Schimon bar Abba: Doch ist nichts anderes als eine Bitte. Wie das Gleichnis von einem König von Fleisch und Blut, der viele Kämpfe zu bestehen hatte, er hatte aber einen Helden, der immer siegte. Eines Tages stand ihm ein schwerer Kampf bevor. Sprach er zu ihm: Ich bitte dich, bestehe mir in diesem Kampf, damit man nicht sage, die ersten waren nicht echt. So auch der Heilige, gepriesen sei Er, er sprach zu Abraham: Ich habe dich einige Male versucht und du hast in allen bestanden. Jetzt bestehe mir in diesem Versuch, damit sie nicht sagen, die früheren waren nicht echt.« Vgl. mein Buch *Der Talmud,* Gütersloh 1995, S. 160f.
66. 2 Samuel 19,31, aus der Erzählung von Sauls Nachkommen. Verständlich ist diese Strophe nur aus dem Streitgespräch zwischen Ismael und Isaak. Vergleiche S. 26f.
67. Psalm 139,4. Angespielt wird auf den Midrasch, S. 33f.

Wehe, der Satan sich unter sie drängt:
»*Darf man ein Wort an dich richten*«*?* Die Frage verfängt.
»I*n Geradheit meinen Weg ich gehe,*
    denn so der Befehl des Königs steh!«[68]

Tags nach drei Tagen, sie dem Skopus sich nahen,
    dort zu ihrem Schöpfer aufblickend sie sahen
Zur Pracht der Säule, zum glänzenden Wolkenwipfel,
    wie ein verzehrendes Feuer auf des Berges Gipfel.[69]

Er legte eilend auf seinen Sohn
    die Opferhölzer zum Brandopfer schon.
Raunte der Sohn und fragte alsdann:
    Hier ist Feuer und Holz, doch wo das Opferlamm?«[70]

Zaudernd der Gerechte sprach, und recht ist sein Wort:
    »*Es kennt der Herr das Seine*, dort
Und das Lamm – mein Sohn! Der Herr erkennt,
    wer ihm nahen darf, wen er heilig nennt.«[71]

Mit Reinheit zeigte er ihm den Altar der Vorfahren.
    Ein fehlerloses Männliches bring dar mit Willens Gebaren!
Gurrte die stumme Taube:«Binde mich zum Opfer dar
    mit Stricken bis zu den Hörnern des Altar!«[72]

Und ich bitt dich, Hände und Füße fessele beide,
    Tu's, damit sich das Opfer nicht entweih und Schaden erleide,

---

68. Ester 1,8. Die anderen Bibelzitate, Hiob 4,2 und Psalm 26,11, stammen aus der Begegnung
    mit dem Satan gemäß der Version im babylonischen Talmud Sanhedrin 89b. Vergleiche die
    Parallele dazu, S. 40ff.
69. 2 Mose 24,17, aus der Erzählung des Sinaiereignisses. Hier handelt es sich um die Feuer-
    säule, die in einigen Midraschim auch den Berg, auf dem Abraham seinen Sohn opfern
    soll, kennzeichnet. Nach Bereschit Rabba war es die aus derselben Sinaigeschichte stam-
    mende Wolkensäule. Vgl. S. 37f.
70. 1 Mose 22,7. Zum ersten Mal stammt das Zitat aus der biblischen Geschichte von der
    Bindung Isaaks selber.
71. 4 Mose 16,5, aus der Geschichte von der Rotte Korach. Aus dieser Geschichte stammte
    bereits der zweite Vers. Zum Inhalt vergleiche den Midrasch, S. 40ff.
72. Psalm 118,27. Zum Midrasch über den Altar der Vorfahren vgl. 62. Die stumme Taube
    stammt aus Psalm 56,1 und ist Symbol für die Leidensbereitschaft Israels: »Was bedeutet
    Taube? Alle Vögel, wenn sie geschlachtet werden, zappeln, aber nicht die Taube, sondern
    sie streckt ihren Hals hin, so gibt kein Mensch seine Seele an Gott dahin, sondern Israel
    allein, wie es heißt: *Um deines Namens willen werden wir umgebracht*« (Psalm 44,23.
    Midrasch Tanchuma Buber, II, S. 96).

Es sei aus Sorge oder Angst. Dich zu ehren habe ich Begehren!
   Nur dich, sagte ich, will ich schätzen und ehren.[73]

Gänzlich seine Seele verzweifelte dann,
   band er ihm Hände und Füße wie ein Lamm,
Er ordnet das Feuer und Holz auf dem Altar
   und brachte darauf das Brandopfer dar.[74]

Dann umarmten sich Vater und Sohn zum Schluß,
   Es trafen sich Wahrheit und Frieden zum Kuß!
»Ei mein Vater, zum Lobe öffne deinen Mund!
   Er segnet doch die Opferstund.«[75]

»Nun möcht ich loben deinen heiligen Namen,
   Gepriesen seist du, Herr, in Ewigkeit, Amen!
Komm und sammle meine Asche vom Feld
   zu Sara, hinein ins Zelt.«[76]

Eilig setzt er die Knie auf sein Mark,
   und wie ein Held macht er seine Arme stark.
Noch mit seinen eigenen Händen schlachtet er ihn im Nu.
   Schlachte und richte zu![77]

Vom Himmel der Tau des Lebens lebendig ihn machte.
   Ein zweites Mal er ihn zu schlachten gedachte.
Oh, das bezeugt die Schrift und ist verbrieft.
   Der Herr zu Abraham ein zweites Mal vom Himmel rief.[78]

73. 4 Mose 24,11, Ausspruch Balaks zu Bileam. Zur Fehlerlosigkeit des Opfers vergleiche S. 43.
74. 2 Mose 40,29.
75. 1 Samuel 9,13, der Saulsgeschichte entnommen. Zeile 2 ist Anklang an Psalm 85,12.
76. 1 Mose 18,6, aus der Erzählung vom Besuch der drei Männer bei Abraham. Die Asche Isaaks wurde schon im Taanit-Gebet erwähnt. Vergleiche S. 61. Der Gedanke, daß Sara die Asche als Reliquie in ihrem Zelt zur Erinnerung an Isaak aufbewahren soll, ist sicherlich christlicher Einfluß und kommt auch im späten Midrasch vor, so im Midrasch Akedat Jizhak, Handschrift Darmstadt Nr. 25: »Schlachte mich und verbrenne mich ganz und bringe meine Asche nach der Verbrennung zu Sara, meiner Mutter, und bewahre meine Asche in ihrem Kasten auf und jederzeit, wenn sie zum Kasten tritt, sei sie meiner eingedenk.«
77. 1 Mose 43,16, aus der Josephsgeschichte. Zum Tod Isaaks vgl. S. 61ff. In keinem Midrasch findet sich die direkte Aussage, daß Abraham Isaak eigenhändig getötet habe. Dies ist eine der Besonderheiten dieses Psalmdichters.
78. 1 Mose 22, 15, aus der Akeda selbst. Zum Gedanken von der Auferstehung von den Toten im Zusammenhang mit der Erzählung von der Bindung Isaaks vgl. S. 61ff. Diese Strophe versucht die Auferstehung aus dem Bibeltext selbst, aus den Worten »zum zweiten Mal«, zu erweisen.

Nun schrien die Dienstengel in Verwirrung: Halt ein!
  Auch nicht beim Tier dürfen zwei Schlachtungen sein.
Man hörte eine Stimme klagend in der Weite:
  Siehe, draußen schreien Ariels Leute.[79]

Ihm erzeige dein Erbarmen, bitten wir von dir!
  Im Haus seines Vaters Brot aßen wir!
Chor der Engel, ihre Tränen schwemmten ihn von dort
  hinweg zum Garten Eden, zu Gottes Ort.[80]

Hier, der Erhabene dachte, das Kind trägt keine Schuld,
  aber ich, wie werde ich wiederfinden deine Huld?
Alsdann er hörte: »Dein Sohn ist als Opfer auserkoren,
  so spricht der Herr, ich habe es geschworen!«[81]

Ein Widder, den der Herr ins Gestrüpp gestellt,
  dafür geschaffen von Anbeginn der Welt.
Lang sucht er mit dem Fuß, bis den Mantel er fand,
  und auf seinem Brandopfer er stand.[82]

Kam und nahm den Widder, wie es sein Wille war,
  und brachte ihn an seines Sohnes Statt dar.
Rechte Freude bei der Auslösung des Einzigen er empfand.
  So hat es Gott widerfahren lassen seiner Hand.[83]

Und den Ort nannte er *Gott sieht,*
  Ein Ort des Lichts, an dem Unterweisung geschieht.
Preis, so schwor er, auf diesen Ort zu legen,
  denn dort befahl der Herr seinen Segen.[84]

---

79. Jesaja 33,7. Vergleiche S. 43f.
80. Hesekiel 28,13. Daß die Tränen der Engel, die nach dem Midrasch (S. 46) das Messer Abrahams stumpf machten, Isaak in den Garten Eden fortschwemmten und so retteten, ist eine Tradition, die in den vorfindlichen Midraschim nicht belegt ist; vielleicht ist sie die phantasievolle Ausschmückung des Psalmdichters selbst, die der Geschichte diese schöne Variante hinzufügte.
81. 1 Mose 22,16, aus der Akeda.
82. 4 Mose 23,17, Balak bei der Rückkehr Bileams. Zur Auslegung vgl. den Midrasch, S. 63.
83. 2 Mose 21,13.
84. Psalm 133,3, bezieht sich auf den Zion. Zum Wortspiel in Zeile 2 vergleiche den Midrasch, S. 31f.

Pein war noch nah, so beteten Gebundener und Binder:
Wenn vor ihm stehen in Sünden ihre Kinder,
Auch dieser Tat zu gedenken und sie zu erlösen,
von ihren Übertretungen und von allem Bösen![85]

Bald, Gerechter, erbarme dich über uns!
Du hast dem Abraham geschworen, erweise deine Gunst
Ihrer Gerechtigkeit eingedenk, stehe zu unseren Gunsten ein,
vergib uns unsere Sünden und laß uns dein Erbbesitz sein![86]

Ja, gedenke all der Bindungen bei Tag und bei Nacht,
so viele Gerechte, um deines Namens willen umgebracht!
Ob der Gerechtigkeit willen in Juda erschlagen,
die Starken Jakobs erlagen.[87]

Nun, weide deine übriggebliebene Herde,
getrennt und zerstreut über die ganze Erde!
Ach zerbrich die Stäbe, ihren Stricken ein Zerreißen werde!
Brünstig schreit der Starken Herde.[88]

85. 3 Mose 16,16. Als Illustration zu diesem Vers sei ein später Midrasch zitiert, Bereschit Rabbati, Ausgabe Albeck, S. 91: »Es sagte Rabbi Simlai: Abraham verhüllte sich im Gebet und Isaak, sein Sohn, ebenso. Abraham betete: ... Isaak betete: Es ist vor Dir offenbar, daß ich keinen Stier vor dir geopfert habe, sondern mein eigenes Fleisch. Wenn meine Söhne in Not und Mühsal geraten und viele Ankläger gegen sie auftreten, gedenke ihrer aufgrund meiner Bindung. Es sei vor dir so angesehen, als ob meine Asche auf dem Altar aufgehäuft war.«
86. 2 Mose 34,9, aus dem Gebet des Mose. Die zweite Zeile ist Zitat aus Micha 7,20, die dritte Zeile eine Kombination aus 1 Mose 30,33 und 5 Mose 8,16.
87. 1 Mose 30,42, aus der Geschichte Labans und Jakobs. Diese Strophe enthält die einzige Anspielung auf die furchtbaren Leiden, die die jüdische Gemeinschaft zur Zeit der Abfassung des Gedichts durch die Kreuzfahrer zu erleiden hatte. Dieses Leiden wird mit dem der Bindung Isaaks in Verbindung gesetzt. »All die Bindungen, bei Tag und Nacht« sind sicher auch als Herausforderung an das Christentum gedacht. Ihr brüstet Euch der einen Kreuzigung. Wieviele jedoch haben wir aufzuweisen?«
88. 1 Mose 30,41, wieder aus der Laban-Jakob-Geschichte. Auch die anderen Verse sind aus Bibelstellen zusammengesetzt. Vers 1, aus derselben Geschichte, 1 Mose 30,36, entnommen; Vers 2 aus Ester 3,8, die Aussage des Erzfeindes Hamans über das jüdische Volk, und Zeile 3 stammt aus Jeremia 30,8. Wie alle Bußpsalmen enden auch die Akedot mit der Bitte um Erlösung aus der Verbannung im Exil.

Die Kirchenväter: Daß Isaak nicht gelitten hat

Hin und wieder wurde in diesem Buch bereits auf Anklänge der Akeda im Neuen Testament hingewiesen. Interessant ist jedoch, daß es sich immer nur um Anklänge handelt und an keiner Stelle ein Autor des Neuen Testaments die Geschichte von der »Opferung des Isaak« mit der Opferung eines anderen Sohnes, nämlich des Sohnes des lebendigen Gottes, in Verbindung gebracht hat. Vielleicht hat man sich vor dem Vergleich gescheut, denn hätte dann nicht Abraham die Stelle Gottes eingenommen? Und schließlich wurde doch Isaak gar nicht geopfert!

Trotz alledem, das Thema konnte nicht vermieden werden. So wird schon im Barnabasbrief[89] die Verbindung zwischen Isaaks Opferung und Christi Kreuzestod gezogen. Einer der frühesten Kirchenväter zieht diese Linie noch deutlicher aus und wird damit zum Vorbild vieler nachfolgender christlicher Bibelerklärer. Dabei vereint er zwei in der frühen Kirche wie bei den Rabbinen beliebte Erklärungsmethoden: Erstens die Typologie, das heißt, das Geschehen ist eine Vorabzeichnung eines kommenden viel größeren Ereignisses und hat seinen Wert nur darin, und zweitens die Allegorese, das heißt, das Geschilderte hat in seinen Details Gleichnischarakter für einen anderen Gedanken.

Hier sollen vier Fragmente des Kirchenvaters Melito[90] zitiert werden, die die älteste greifbare kirchliche Auslegung zur Opferung Isaaks und darüber hinaus die einzige aus dem 2. Jahrhundert darstellen. Wie die Fragmente zusammenhängen, ist unklar. Vermutlich entstammen sie verschiedenen Osterpredigten[91] aus verschiedenen Zeiten. Das würde auch die Unterschiede in der theologischen Sicht der Fragmente erklären.

---

89. Barnabasbrief 7,3.
90. Melito war Bischof von Sardes. Er ist vor 190 n.Chr. gestorben. Von seinen zahlreichen Schriften haben sich nur wenige Fragmente erhalten. Die aufgefundenen Reste seiner Osterpredigt geben Einblick in die frühe christliche Bibelinterpretation.
91. Zur rabbinischen Verbindung zwischen Akeda und Pessach vgl. Shalom Spiegel, The Last Trial. New York 1979, S. 56. 15.

Fragment 1[92]

Denn wie ein Widder wurde er gebunden – so sagt man von unserem Herrn Jesus Christus –, und wie ein Lamm wurde er geschoren, und wie ein Schaf wurde er zur Schlachtbank geführt, und wie ein Lamm wurde er gekreuzigt; und er trug das Holz auf seinen Schultern, zur Schlachtung abgeführt wie Isaak von seinem Vater. Christus aber litt, Isaak dagegen litt nicht; denn er war ein Typus des künftigen Leidens Christi. Aber auch als Typus des Christus bereitete er den Menschen Staunen und Erschrecken, denn ein neuartiges Geheimnis war wahrzunehmen: Ein Sohn wird von seinem Vater zur Schlachtung auf einen Berg geführt, gebunden legt er ihn auf die Hölzer für das Brandopfer, bereitet mit Eifer das für dessen Schlachtung Notwendige. Isaak aber schweigt, gefesselt wie ein Widder, seinen Mund tut er nicht auf, noch gibt er einen Ton von sich. Denn weder fürchtete er sich vor dem Schwert, noch ängstigte er sich vor dem Feuer, noch war er betrübt, daß er leiden sollte, sondern standhaft trug er den Typus des Herrn. Es war nun Isaak in die Mitte gelegt, gefesselt wie ein Widder, und Abraham stand zur Seite mit dem bloßen Schwert in der Hand, indem er sich nicht fürchtete, seinen Sohn zu töten.

Daß Isaak nicht litt, weil er »Typus unseres Herrn« ist, ist nicht zwingend, vielleicht sogar störend, denn wie kann jemand, der nicht leidet, Typus sein für jemanden, der leidet? Der Gedanke, daß Isaak nicht litt, ist wohl eher darauf zurückzuführen, daß das Leiden Jesu Christi nach der Meinung des Verfassers in jedem Fall alles menschliche Leiden übertreffen mußte, also auch das Leiden Isaaks, um so mehr und um so deutlicher, wenn Isaak gar nicht gelitten hat.

Wenn Isaak nur Typus ist, so kommt seinem Opfertod oder seiner Opferbereitschaft an sich kein eigener Wert zu. Er ist nur Modell, Vorwegnahme eines Größeren, und nur dessen Opferbereitschaft und Tod hat Sühnewirkung. Indirekt ist damit auch jede Sühnebedeutung der Bindung Isaaks für die Sünden der Kinder Israels geleugnet. Aber das ist nach Enstehung der christlichen Kirche neben dem alten Israel sowieso selbstverständlich in einer früh aufkommenden Ablösungstheologie im Wettstreit um das »wahre Israel«.

Dann folgt ein Paradox: Der nicht leidende Isaak litt stumm und schweigsam – ebenfalls als ein Typus für seinen Herrn. Hier berühren sich christliche Auslegung, Midrasch und Islam, denn daß Isaak gehorsam und unterwürfig, stumm und seinen Schmerz unterdrückend gelitten hat, ist eine gemeinsame Aussage.

---

92. Zitiert nach: David Lerch, Isaaks Opferung christlich gedeutet. Tübingen 1950, S.29ff.

Noch eine Parallele zwischen Kreuzestod und Opferung Isaaks ist dem Verfasser wichtig: das Aufsichnehmen des Holzes als Symbol für das Aufsichnehmen des Kreuzes. Wenn auch die entsprechende Aussage im Midrasch Bereschit Rabba[93] viel später schriftlich formuliert wurde, der Gedanke mag alt genug sein, daß Melito ihn aus der jüdischen Tradition gekannt haben könnte. Vielleicht aber kommt Melito auch lediglich aufgrund der biblischen Aussage in Vers 6 zu seiner parallelen Beschreibung.

Fragment 2

Für Isaak, den Gerechten, erschien ein Widder zur Schlachtung, damit Isaak von den Fesseln gelöst werde. Jener wurde geschlachtet und kaufte Isaak los. So hat auch der Herr, indem er geschlachtet wurde, uns errettet, und indem er gebunden war, uns gelöst, und indem er geopfert ward, uns losgekauft.

Interessant ist hier der Wechsel der Bilder. War im ersten Fragment Isaak Typus für Christus, so ist er jetzt Gleichnis für uns, die Losgekauften. Der Widder, der anstelle Isaaks geschlachtet wurde, ist jetzt Ebenbild Christi. Die Gleichsetzung Christi mit dem Widder wurde sicher auch vorbereitet durch den midraschischen Gedanken von der Praeexistenz des Widders des Heils.[94] Wenn im ersten Fragment von einer deutlichen Typologie gesprochen werden kann, so handelt es sich hier mehr um eine Allegorese, eine Art Gleichnis, obwohl sich die Grenzen von Typologie und Allegorese leicht vermischen.

Fragment 3

Denn es war der Herr das Lamm wie der Widder, den Abraham im Gesträuch Sabek festgehalten sah. Das Gesträuch aber deutet auf das Kreuz hin, und jener Ort auf Jerusalem, und das Lamm auf den zur Schlachtung gebundenen Herrn.

Auch hier handelt es sich in der dreimaligen Gleichstellung: Gesträuch[95] gleich Kreuz, Ort gleich Jerusalem und Lamm gleich Herr um eine indirekte polemische

93. Vgl. S. 39.
94. Vgl. S. 63. Das typologische Denken, wie Isaak von den Fesseln befreit wird, so wird auch das Gottesvolk von den Fesseln befreit, hat ebenfalls seine Entsprechung im Midrasch. Vgl. S. 43 und öfter.
95. Sabek ist hebräisch *sabech*, Gestrüpp. Im vierten Fragment legt Melito das Wort noch in anderer Weise aus.

Auseinandersetzung mit jüdischer Tradition. Gerade das mittlere Glied ist interessant, weil die Interpretation diesbezüglich zwischen Juden und Christen nicht strittig ist. Daß der Ort der Opferung Jerusalem ist, entspricht alter jüdischer Tradition. Wenn dies hier nun noch einmal betont wird, so meint dieses christliche Jerusalem wahrscheinlich nicht dasselbe wie das jüdische. Der jüdische Ort ist der Tempelplatz, der christliche ist vielleicht Golgata. Das könnte zugleich darauf hinweisen, daß der Berg Golgata schon früh in der Kirche als Heilsort verehrt worden ist.

Fragment 4

Für »mit den Hörnern verfangen« sagen der Syrer und der Hebräer »hängend«, damit das Kreuz deutlicher abgebildet wird. Aber auch der Ausdruck »Widder« macht dies deutlich. Denn er sagt nicht »Lamm«, ein junges, wie Isaak, sondern »Widder«, wie der Herr, erwachsen. So wie aber das Gesträuch Sabek, das ist die Vergebung, das heilige Kreuz bedeutet, so bedeutet auch bei Ezechiel am Ende seines Buches das Wasser der Vergebung das Wasser, welches die heilige Taufe abbildet. Denn zwei Stücke sind vorhanden, welche Vergebung der Sünden gewähren, das Leiden um Christi willen und die Taufe.

Die Auslegungsmethode des frühen Kirchenvaters verrät eine besondere Vertrautheit mit rabbinischer Auslegungskunst. Ganz ähnlich würden auch Rabbinen zu diesem Text argumentieren. Melito benutzt einmal das im Hebräischen übliche und wahrscheinlich schon alte Synonym »der Gehängte« für den »Gekreuzigten«. Dieser Ausdruck, der bereits im Talmud vorkommt[96], ist dort vermutlich antichristlich gebraucht. Er bezieht sich auf das »ans Holz Hängen« des Gesteinigten, der daran bis zum Abend öffentlich zur Schande hängen soll. »Verflucht ist, wer am Holz hängt«[97] wird schon im Neuen Testament zitiert. Die Kreuzigung selbst ist keine biblische Todesstrafe. So wollte man sie auch im Judentum nicht auf Jesus anwenden und nannte ihn »den Gehängten«. Wie alt diese Tradition ist, sehen wir an den Melitofragmenten, die der erste schriftliche Hinweis darauf sind.

Die Verbindung des Widders im Gesträuch mit dem gekreuzigten Christus ist ebenso alt und gut belegbar und hat ihren späten Ausdruck noch in der jüdischen Mosaikkunst erfahren. So jedenfalls könnte man die merkwürdige und

---

96. Vgl. Avraham Even Schoschan, Ha-milon hae-hadasch (Hebr.), Jerusalem 1972, III, S. 1454, Wort *talui*, Bedeutung 5.
97. 5 Mose 21,23; Galater 3,13.

bekannte Darstellung der Akeda auf dem Mosaik der Synagoge von Beth Alpha interpretieren.

Das Mosaik enthält auf der rechten Bildhälfte die eigentliche Akeda-Darstellung mit Abraham und dem kindlichen Isaak.[98] Oben in der Mitte des Bildes ragt die Hand Gottes hervor mit dem Aufruf in Hebräisch: »Strecke nicht aus (deine Hand)«. In der linken Hälfte finden sich der Esel und die beiden Knechte. In der Mitte zwischen den beiden Szenen, direkt unter der Hand Gottes, findet sich in einem Strauch der Widder. Hierbei ist es interessant festzustellen, daß dieser Widder ungewöhnlicherweise hängt. Was ist der Anlaß für eine solch eigenartige Darstellung? Hat der Künstler zuerst die beiden Außenszenen fertiggestellt, so daß zum Schluß kein ausreichender Platz mehr für den Widder blieb? Oder aber hat er bewußt den Widder hängend darstellen wollen? Was könnte aber das Motiv dafür gewesen sein? Tatsächlich entspricht diese Darstellung dem Kommentar des Melito, einige Jahrhunderte vor dem Mosaik in Beth Alpha. Aber Beth Alpha ist zweifelsohne eine jüdische Synagoge. Was hätte hier eine so eindeutig christliche Darstellung zu suchen? Die Lösung des Problems könnte in der bereits vorher angedeuteten Vorlage zu finden sein, nach der der Künstler sein Mosaik geschaffen haben könnte, ohne zu wissen und zu merken, daß es sich dabei um eine christliche Darstellung handelt. Wenn diese Interpretation richtig ist, wäre das Mosaik von Bet Alfa eine schöne Bestätigung dieser frühen christlichen Auslegung.

Interessant ist ferner die Auslegung des Namens Sabek, Gesträuch, im Sinne von Sündenvergebung, entsprechend der aramäischen Bedeutung des Wortes. Dies ist eine auch von den Rabbinen durchaus häufig angewandte Auslegungsmethode.

Die frühe christliche Auslegung zeigt den Weg für die späteren Generationen auf. Indem die Kirche sich der hebräischen Bibel bemächtigt, enterbt sie die eigentliche Besitzerin, die Synagoge. Damit aber ist ein Ende des Gesprächs zwischen Christen und Juden erreicht, das erst in unseren Tagen wieder zaghaft begonnen hat. Daher ist es sinnvoll, über einen solchen Text und seine Auslegung neu nachzudenken.

---

98. Der Mosaikkünstler war also nicht vom Midrasch beeinflußt, der davon ausgeht, daß Isaak bei der Akeda 37 Jahre alt war. (Zum Beispiel Tanchuma. Sara stirbt auf Grund der Akeda im Alter von 127 und war bei der Geburt Isaaks 90 Jahre alt.) Das zeigt, daß der Künstler entweder den Midrasch nicht gekannt hat, obwohl es ihn zu seiner Zeit im 5. Jahrhundert schon gab, oder daß er dieser Aussage wenig Glauben beimaß, oder aber, und das scheint am wahrscheinlichsten, daß er eine Vorlage hatte, an die er sich strikt hielt, die aber dieser ganzen jüdischen Tradition nicht entsprach.

Ismael wurde nicht auf dem Berg Moria geopfert

Der Islam hat zwei Hauptfeste, das Fest des Fastenbrechens, Id el-Fitr, am Ende des Fastenmonats Ramadan, und das Opferfest, Id al-Adcha, das zugleich Wallfahrtsfest zur Kaaba, dem heiligen Stein in Mekka, ist. Dieses Opferfest wird zum Angedenken an die erlassene Opferung des Sohnes Abrahams begangen, wie sie sich in der 37. Sure des Korans findet. Bewußt ist hier vom »Sohn Abrahams« die Rede, denn in der Koranerzählung hat der Sohn keinen Namen. Obwohl aus dem Zusammenhang der Stelle deutlich wird, daß es sich nur um Ismael handeln kann – denn Isaak wird Abraham erst als Lohn für die Opferbereitschaft verheißen –, gibt es einige frühe Ausleger unter den islamischen Gelehrten, die der Meinung sind, es war Isaak, der hier geopfert werden sollte, weil dies aus der Tora so hervorgeht. Diese Meinung hat sich nicht durchgesetzt; genausowenig wie die Annahme, die Opferung habe in Jerusalem stattgefunden. Denn auch bei der Ortsangabe schweigt der Koran. Später ist jedenfalls deutlich, daß der Altar der schon in vorislamischer Zeit verehrte heilige Stein der Kaaba in Mekka war und nicht die Felsplatte in Jerusalem, über der später die drittheiligste Stätte des Islam errichtet werden sollte, der Felsendom.

Die Koranerzählung zur Opferung des Sohnes ist recht kurz und befindet sich in der Nacherzählung der biblischen Geschichte. Sie sei hier mit ihrem Kontext referiert, um den Platz der Opferungsgeschichte deutlich zu machen.

Die Erzählung im Koran, Sure 37, 76-114

Noah rief uns einst an, und gnädig erhörten wir ihn und erretteten ihn und seine Familie aus großer Not und erhielten seine Nachkommen am Leben zur Fortpflanzung des Menschengeschlechtes. Wir ließen ihm noch bei der spätesten Nachwelt den Segen zurück: »Friede über Noah in ewigen Zeiten und allen Welten.« So belohnen wir die Frommen; er gehörte zu unseren gläubigen Dienern. Die anderen aber ertränkten wir. Zu seiner Religion bekannte sich auch Abraham, da er sich seinem Herrn mit seinem ganzen Herzen zuwandte. Er sagte einst zu seinem Vater und zu seinem Volke: »Was betet ihr denn an? Wollt ihr wohl falschen Göttern den Vorzug geben vor

Allah, dem wahren Gott? Was denkt ihr denn wohl von dem Herrn der
Weltenbewohner?« Darauf blickte er nach den Sternen und sagte: »Wahrlich, ich werde krank.«[99] Da wandten sie ihm den Rücken zu und verlie-
ßen ihn. Darauf ging er heimlich zu ihren Götzen und fragte sie: »Warum
eßt ihr nicht von der euch vorgesetzten Speise? Warum sprecht ihr nicht?«
Und er fiel über sie her und zerschlug sie mit seiner rechten Hand. Das
Volk aber kam eilends auf ihn zugelaufen, und er fragte: »Betet ihr die an,
welche ihr selber geschnitzt habt? Wahrlich, Allah ist es, der euch und
eure Götterschnitzarbeit, welche ihr euch machtet, geschaffen hat.« Darauf sagten sie: »Errichtet einen Scheiterhaufen für ihn, und werft ihn in
das Feuer.« So schmiedeten sie Pläne wider ihn, die wir unterdrückten.[100]
Und Abraham sagte: »Ich wende mich zu meinem Herrn, der mich leiten
wird. O mein Herr, gib mir einen frommen Sohn.« Darauf verkündeten
wir ihm einen sanften Sohn. Als dieser nun in die Jahre der Einsicht kam,[101]
da sagte Abraham zu ihm: »O mein Sohn, ich sah in einem Traum, daß
ich dich zum Opfer darbringen soll, nun bedenke, was du davon hältst.«
Er aber antwortete: »Tu, mein Vater, wie Dir geheißen worden ist, und du
wirst mich, mit Allahs Willen, ganz geduldig finden.« Als sie nun beide
sich dem göttlichen Willen unterworfen hatten, da legte er ihn aufs Angesicht. Wir aber riefen ihm zu: »Du hast hiermit bereits das Traumgesicht
zur Erfüllung gebracht.« Und so belohnen wir die Rechtschaffenen; denn
dies war offenbar ja nur Allahs Prüfung. Wir lösten ihn aus durch ein
anderes edles Opfer, und wir ließen ihm noch bei der späten Nachwelt
den Segen zurück: »Friede komme über Abraham.« So belohnen wir die
Frommen; denn er war einer von unseren gläubigen Dienern. Und wir
verkündeten ihm den Isaak, einen Propheten von den Frommen, und wir
segneten ihn und den Isaak, und unter beider Nachkommen waren solche, die rechtschaffen, und solche, die offenbar gegen sich selbst frevel-
haft handelten.

Wenn auch der Koran nach islamischem Verständnis dem Propheten Mohammed
vom Erzengel Gabriel Wort für Wort diktiert wurde, und es deshalb für Moslems
natürlich nicht angebracht ist, einen solchen Text mit modernen Methoden nach

---

99. Abraham benutzt den Aberglauben seiner Umwelt, alles aus den Sternen ablesen zu kön-
    nen, und entzieht sich so dem praktischen Götzendienst.
100. Vgl. Sure 21,63ff. Im Hintergrund dieser Koranerzählung steht der Midrasch Bereschit
     Rabba 38,13.
101. Nach den Koranauslegern ist die das 13. Lebensjahr.

seinem historischen Werdegang zu hinterfragen, so drängt sich dem an diese Vorschriften nicht gebundenen Leser doch unwillkürlich das Verlangen auf, auf dieselbe Weise an den Text heranzugehen wie an jedes andere antike Schriftdokument.

Begnügen wir uns mit dem Ende der Geschichte: »Und wir segneten ihn und den Isaak«. Dies wäre ein guter Abschluß für die Opferungsgeschichte unter der Voraussetzung, daß es doch Isaak, der Sohn, war, der hier geopfert werden sollte. Dann wäre der vorhergehende Vers »Und wir verkündeten ihm den Isaak, einen Propheten von den Frommen« Interpolation, also ein späterer Einschub.

Interessant ist die Rolle des zum Opfer ausersehenen Sohnes, der – ganz wie im späteren Midrasch – von vornherein mit in das Geschehen einbezogen ist und so weiß, was geschehen soll, und – hier im Koran weit unbekümmerter als im Midrasch – sofort mit seinem Schicksal, tapfer und hingebungsbereit, einverstanden ist. Dies entschärft natürlich insofern den biblischen Bericht, als die Situation nun nicht mehr so ist, daß ein Vater souverän über ein unschuldiges und – noch wichtiger – ahnungsloses kleines Kind verfügt.

Die islamische Übernahme der Geschichte durch den Koran und somit deren geistige Aneignung auch im Islam hat natürlich auch auf den jüdischen Midrasch Rückwirkungen gehabt. Als Beispiel sei hier ein Midrasch aus dem bereits bekannten Werk *Pirke de Rabbi Elieser*[102] angeführt, der in sich schon eine versteckte Polemik enthält. Die Erzählung in Pirke de Rabbi Elieser scheint eine Reaktion auf eine Überlieferung im Hadith, der nachkoranischen Traditionsliteratur, zu sein.[103] Hier aber wird die Bewirtung beim zweiten Besuch Abrahams im Zelt seines Sohnes Ismael in der Wüste in prächtigen Farben ausgemalt: Die zweite Frau des Ismael gibt ein besonders reiches Gastmahl zu Ehren des Greises aus dem Land Kanaan, bewirtet ihn mit Fleisch und Milch und wäscht ihm Haupt und Füße mit Butter. Das kärgliche »Brot und Wasser« des Midrasch wirkt wie eine vorsichtig angedeutete Kritik an der islamischen Ausschmückung. Der Hadith formt die Besuchsreisen Abrahams in der Wüste bei seinem Sohn Ismael zur Stiftungslegende des heiligen Steins, der Kaaba, in Mekka um. Abraham erfährt im Traumgesicht, er solle Ismael opfern. Ismael ist allen Gegenmaßnahmen Satans zum Trotz dazu bereit. Nach bestandener Prüfung bauen Abraham und Ismael gemeinsam die Kaaba in Mekka.

102.　Vgl. S. 51.
103.　Ich verdanke diesen Hinweis einer Seminararbeit meines Studenten Michael Putzke, der sich auf einen Aufsatz von Bernhard Heller, Muhammedanisches und Antimuhammedanisches in den Pirke Rabbi Eliezer, MGWJ 69 (1925), S. 47-54, bezieht.

Die Erzählung in Pirke de Rabbi Elieser[104]

Und er wohnte in der Wüste von Pharan (1 Mose 21,21). Da schickte Isma-
el aus und nahm sich eine Frau aus den Steppen Moabs mit Namen Aischa.[105]
Nach drei Jahren machte sich Abraham auf, seinen Sohn Ismael zu sehen.
Er hatte aber Sara geschworen, an dem Ort, an dem Ismael wohnte, nicht
vom Kamel abzusteigen. Er kam dort hin zur Mittagszeit und fand hier die
Frau Ismaels. Er fragte sie: Wo ist Ismael? Sie antwortete ihm: Er und seine
Mutter sind gegangen, Datteln aus der Wüste zu holen. Er sprach zu ihr:
Gib mir etwas Brot und Wasser, denn ich bin müde vom Weg in der Wüste.
Sie antwortete ihm: Ich habe kein Brot und kein Wasser. Er sprach zu ihr:
Wenn Ismael kommt, erzähl ihm über das, was geschehen ist, und sag ihm:
Ein Alter aus dem Lande Kanaan ist gekommen, dich zu sehen und der sagt,
daß die Schwelle deines Hauses nicht gut ist. Als Ismael kam, berichtete
ihm seine Frau all dies. Da schickte er seine Mutter aus und nahm sich eine
Frau vom Haus ihres Vaters, Fatima mit Namen.[106] Wieder nach drei Jahren
ging Abraham, seinen Sohn Ismael zu sehen, er schwur aber Sara wie beim
ersten Mal, am Ort, an dem Ismael wohnte, nicht vom Kamel zu steigen. Er
kam dort mittags an und fand hier die Frau des Ismael. Er fragte sie: Wo ist
Ismael? Sie antwortete ihm: Er und seine Mutter sind gegangen, die Kame-
le in der Wüste zu weiden. Sprach er zu ihr: Gib mir etwas Brot und etwas
Wasser, denn ich bin müde vom Weg. Sie holte es heraus und gab es ihm.
Da stand Abraham auf und betete zum Heiligen, gepriesen sei Er, für seinen
Sohn, worauf sich Ismaels Haus mit allem Guten füllte und mit allen Arten
von Segnungen.

Als Ismael kam, berichtete ihm seine Frau, was vorgefallen war. Da erkannte Ismael, daß das Erbarmen seines Vaters ihn weiterhin umschloß,
wie es heißt: *Wie sich ein Vater über seine Söhne erbarmt* (Psalm 103,13).

---

104. Kap. 30.
105. Der Name ist sicher islamischer Einfluß auf den Midrasch. Aischa hieß die Frau des Pro-
     pheten Mohammed.
106. Auch diese Namensgebung beruht auf islamischem Einfluß. Fatima hieß die Tochter Mo-
     hammeds. Hagar war nach dem jüdischen Midrasch die Tochter des ägyptischen Pharao.

Deutungen unserer Zeit

EINE FEMINISTISCHE NACHERZÄHLUNG
DER AKEDA[107]

Und Gott sagte: Nimm Isaak, deinen einzigen Sohn, den du liebhast und geh in das Land Moria und opfere ihn dort zum Brandopfer (1 Mose 22,2). Wo war denn Sara? Ein Engel Gottes kam zu Sara und sagte: Nimm deinen Sohn, Isaak, in die Berge und baue einen Altar und bringe ihn als Opfer dar zur Prüfung, daß du gehorsam bist und Gott fürchtest. Sara bedeckte ihre Augen, weil sie Angst hatte, das Gesicht des Engels Gottes zu sehen, und sie schüttelte den Kopf: Nein. Ich kann meinen Sohn nicht opfern. Er ist Gottes Geschenk an mich. Er ist viel zu viel wert.

Die ganze Nacht konnte Sara nicht schlafen. Ihr erster Gedanke war, mit Isaak in die Wüste zu fliehen und ihn zu verstecken. Aber im Herzen wußte sie, daß Gott alles sieht und alles weiß. Dann dachte sie daran, ein anderes Kind aus einem Stamm der Nachbarn zu finden und Isaak zu ersetzen, aber sie wußte, daß der Betrug entdeckt werden würde. Als sie am nächsten Morgen aufstand, sah sie, daß Abraham und Isaak und zwei ihrer Diener das Lager verlassen hatten, und sie verstand, der Engel war genauso dem Abraham erschienen, und der war mit Isaak weggegangen, um Gottes Bitte zu erfüllen.

Sie rief so zu Gott: O Herr der Welt, Schöpfer des Universums, höre mein Gebet. Hast du vergessen, daß du mir erst ein Kind gegeben hast, als ich schon neunzig Jahre gewartet hatte? Hast du vergessen, daß du selbst mir gesagt hast, ich würde einen Ersten für unser Volk in mir tragen, daß durch diese Geburt Abrahams Sohn das Haupt deines Volkes werden würde? Hast du die besondere Liebe einer Mutter für ihr Kind vergessen? O Gott, bewahre meinen Sohn! Erlaube Abraham nicht, ihn zu schlachten! Nimm mich für dein Versöhnungsopfer. Ich gehe und bin bereit dazu, aber halte die Hand Abrahams fest!

---

107. Von Sylvia Karzen. In: Jane Sprague-Zones (Herausgeberin), Taking the Fruit. Modern Women's Tales of the Bible. San Diego 1989, S. 49f. Aus dem Englischen übersetzt von Barbara Wündisch.

Als sie diese Worte ausrief, erhörte Gott sie und ließ einen Widder im Ge-
büsch erscheinen, und der Engel sprach zu Abraham: Tue Isaak nichts an
und nimm diesen Widder für das Brandopfer, denn Gott hat das Herz der
Mutter Sara erhört.

DIE BINDUNG ISAAKS UND
DIE SCHRECKEN DES HOLOCAUST

Wie das jüdische Volk durch alle Jahrhunderte hindurch Leiden, Märtyrertum
und Verfolgung mit der Akeda in Beziehung gesetzt hat, so hat es auch die größte
Katastrophe, den Holocaust, mit der Akeda in Verbindung gesehen. Zahlreiche
moderne Denker und Dichter haben versucht, in der alten biblischen Geschichte
von der Bindung Isaaks eine Antwort auf die unbeantwortbar scheinende Frage
zu finden: Wie konnte Gott die zulassen und welchen Sinn sollte es haben?

Als Beispiel für die dichterische Verarbeitung des Themas sollen Auszüge aus
einem vertonten theatralischen Stück von Elie Wiesel dienen: »Ani maamin, ein
verlorener und wiederaufgefundener Gesang.«[108] Das Stück stellt einen Dialog
zwischen Gott und den drei Erzvätern dar, in dem Abraham und Isaak immer
wieder an die Akeda erinnern und sie mit dem Holocaust in Beziehung setzen.
Der Dialog, mit einem Chor und einer göttlichen Stimme Gott selbst antwortet
nicht, sondern hüllt sich in Schweigen, nur am Schluß sagt er einen Satz, ein Zitat
aus einer talmudischen Geschichte: »Mein Söhne haben mich besiegt.« – findet
zu der Zeit statt, als die Juden des Nachbardorfes des Erzählers zur Exekution
geführt werden.

Ani maamin[109]

Isaak   Erinnerst du dich an die Akeda?
              Dort unten, auf dem Moria?
              War ich der einzige, den du fordertest
              Als Holocaust.

108. Ani maamin. »Ich glaube«, heißt das Glaubensbekenntnis des Maimonides. Gemeint ist
     der 13. und letzte Artikel, der lautet: Ich glaube fest daran, daß der Messias kommt, auch
     wenn er sich verzögert.
109. Elie Wiesel, Jude heute. Wien 1987, S. 217ff.

Und ich habe dich gefragt:
Warum ich? ...
Ich habe meine Fragen nicht gestellt,
ich habe die Stimmen erstickt.
Jetzt werde ich sprechen, ich muß es.
Stärker als ich
Ist der Schrei in mir.
Siehst du unten, was ich gesehen habe?
Sieh, Gott Abrahams, Gott des Erbarmens,
Öffne deine Augen, wie du die meinen geöffnet hast,
Öffne deine Augen und sieh, wie ich gesehen habe.

Abraham   Du hast mir die Zukunft versprochen
Und sie fliegt im Rauch davon.
Warum raubst du mir die Zukunft?

Isaak   Du hast mich bedrückt und schweigsam
Den Berg Moria
Hinauf- und hinuntersteigen lassen
Ich wußte nicht, Herr, ich wußte nicht,
Daß es geschah, damit ich sehe,
Wie meine Kinder, die großen und kleinen,
In Maidanek eintreffen.

Abraham   In einem Bunker
In Warschau
Eine Witwe und der letzte
Ihrer fünf Söhne. Ein Säugling,
Wenige Monate alt. ...
Plötzlich Schritte.
Rauhes Gebrüll.
Die Mörder kommen näher. ...
Er weint, er weint,
Da
Erhebt sich eine Hand
In der Finsternis.
Ein Arm streckt sich vor,
Kommt näher

Die Hand, der Arm
Eines Wahnsinnigen vielleicht.
Sicherlich eines Verzweifelten.
Dann
Tritt Stille ein.
Völlig. Absolut.
Aber – der Tod des Kindes
hat die anderen nicht gerettet.
Er ist nur dem Tod der anderen vorhergegangen.

Isaak   In einem Wald,
An einem Frühlingsmorgen.
Von Mördern und
Ihren Hunden umgeben,
Marschieren die Juden
Des benachbarten Dorfs in den Tod.
Einige erraten es,
Sagen aber nichts
Andere gaukeln sich lieber etwas vor.
Das Wetter ist gut.
Die Sonne spielt
In den Ästen ringsum.
Ein Vogel singt und erzählt
Von dem Glück, singen zu können;
Ein anderer antwortet ihm.
In der Menge der Verurteilten
Sprechen
Ein älterer Mann
Und sein Sohn
Leise miteinander.
Der Vater glaubt an Wunder:
Alles kann geschehen,
Selbst im letzten Augenblick,
Es genügt, daß Gott es will.
Ohne seinen Sohn anzusehen,
Mahnt er ihn:
Mehr denn je
Geht es jetzt darum,

Nicht zu verzweifeln.
Und der Sohn fragt,
Ohne seinen Vater anzusehen:
Sag, tut es weh
Zu sterben?
Ich hatte Lust, ihnen zuzuschreien:
Ich, Isaak, sage euch:
Ja, es tut weh.
Aber ich wagte nicht,
In ihr so reines Gespräch einzugreifen,
Das mich an jenes
Erinnerte,
Das ich mit meinem Vater geführt hatte,
Seinerzeit,
In der Ferne. Nur hatten wir ein Recht
Auf das Wunder – sie nicht. Und das tut mir weh,
Denn das verstehe ich nicht. Ich habe Angst
Zu verstehen. ...

Sprecher   Gott schweigt.

Abraham   Die Tora verbietet,
Das Tier
Und das Kind
Am gleichen Tag zu töten.[110]
Aber – Väter und Söhne
Werden täglich
Voreinander
Hingeschlachtet.
Sind die Juden weniger wertvoll
Als die Tiere?
Oder verletzt du gar dein Gesetz?
Sollte der Richter der Richter
Ungerecht sein?

110. 3 Mose 22,28.

Sprecher   Abraham spricht und Gott schweigt.
              Isaak erinnert sich,
              Und Gott schweigt.

Chor   Gott schweigt,
              Gott sieht zu.
              Gott ist,
              Ist Blick.
              Gott sieht zu,
              Sieh Gott an.

Epilog

»So verdanken wir Babylon und der dortigen Berührung der Juden mit den Christen die Aufnahme von der Lehre von der Verdienstlichkeit des stellvertretenden und sühnenden Sohnesopfer und deren Ausprägung für das Gebet für das Neujahr. ... Befreien wir uns nun endlich von dieser babylonischen Verirrung und Verwirrung, kehren wir zu der gereinigten Lehre einer älteren Zeit zurück und läutern wir unseren Gottesdienst, indem wir Gebetsstücke, welche an den Versuch eines Menschenopfers erinnern und diesen erheben, als einem unseren religiösen Bewußtsein fremdartigen und widerstrebenden Bestandteil gründlich beseitigen.«

Diese Worte hat der große jüdische Aufklärer des letzten Jahrhunderts, Abraham Geiger, in einem Aufsatz mit dem bemerkenswerten Titel *Erbsünde und Versöhnungstod: Deren Versuch in das Judentum einzudringen* in dem von ihm gegründeten Organ *Zeitschrift für Wissenschaft und Leben*[111] 1872 geschrieben. Von seinem Standpunkt aus – er ist Aufklärer der Reformbewegung, die beabsichtigte, das zeitgenössische Judentum von allem antiken Ritual und Aberglauben zu reinigen – sind diese Worte durchaus verständlich. Stimmt aber seine These, daß der Sühnetod, den man besonders in der jüdischen Liturgie antrifft, ein Fremdkörper im Judentum ist, der nur auf Schleichwegen aus dem Christentum ins Judentum eindrang? Hier war wohl der Wunsch Vater des Gedankens, ein ethisch sauberes Judentum zu erreichen. Und wie schön, wenn man nachweisen kann, daß das antik Abergläubische der eigenen Religion ganz fremd ist und von der Gegenpartei, mit der man damit gleichzeitig auch eine alte Rechnung begleichen kann, stammt.

Ungeachtet dessen, wie man sich heute dazu stellt, wird man feststellen müssen, daß der Gedanke des Sühnetodes zum gemeinsamen Erbe von Judentum und Christentum gehört. Allerdings ist es richtig, daß dies im Judentum ein eher nebensächlicher Aspekt ist, während das Christentum von diesem Gedanken lebt und in seiner gegenwärtigen Form mit ihm steht und fällt.

Wie sehr wir uns in diesem Büchlein auch mit der Materie der Akeda beschäftigt haben, im Grunde genommen sind wir doch dem Kern des Geschehens nicht näher gekommen. Nun, die Probleme sind hier nur angerissen und manche Aspekte gar nicht berücksichtigt worden, wie die Darstellung der Akeda in der antiken und modernen Kunst. Wahrscheinlich aber wäre das Ergebnis kein anderes gewe-

111. Jg. X, S. 171.

sen, wenn wir das Thema in allen seinen Aspekten und bis in seine tiefsten Abgründe ausgelotet hätten. Die Geschichte der Akeda läßt uns sprachlos zurück, und das ist auch ihre Intention. Die Ausweitung und Übertragung der Akeda auf das schwerste Problem zwischen Judentum und Christentum hin, die Schoa oder den Holocaust, macht das in besonderer Weise deutlich. Je tiefer das Nachdenken darüber geht, um so unerklärlicher wird das, was geschehen ist. Dies gehört mit zu den dunkelsten Seiten unserer Welterfahrung, über die wir Aufklärung erst am Jüngsten Tag erhalten werden, wenn es überhaupt je eine Aufklärung zu diesen Dingen geben kann. Unsere Aufgabe ist es, uns die Sache nicht leicht zu machen und dieser Problematik nicht auszuweichen. Das ist wohl das Paradox des Glaubens.

Daß hier in einer solchen Breite jüdisches Material zu dem Thema aneinandergereiht ist, mag dem christlichen Leser, für den dieses Buch geschrieben ist, hilfreich sein. Lehrt es doch zum wiederholten Male, daß Christen und Juden zusammengehören, so sehr es ein jeder von beiden auch leugnen mag. Wir stehen erst am Anfang, im Gespräch diese Gemeinsamkeiten wiederzuentdecken. So gibt es auch bei Akeda und Kreuz einen gemeinsamen Gedanken und ein gemeinsames Problem: Beides ist nicht zwingend. Die Akeda ist im Gegensatz zum Märtyrertod nicht unvermeidlich. Sie ist ein innerer Vorgang zwischen Gott und seinem Volk oder zwischen Gott und den drei Menschen, die es damals repräsentierten, Abraham, Isaak und Sara. Und wie verhält es sich mit der Kreuzigung Jesu? Hätte Gott nicht andere Wege wählen können, die Menschheit von Sünden zu befreien? Dies stößt vor in das unerklärliche Geheimnis der Ratschlüsse Gottes, die zu ergründen unser Verstand allemal nicht ausreicht.

Register der Bibelstellen

88

Register der Stellen der talmudischen und islamischen Literatur

In meinem Text übersetzte oder besprochene Stellen sind durch * sowie Seitenangabe hervorgehoben. Die Angabe hinter der Seitenangabe verweist auf die entsprechende Anmerkung.

NES AMMIM –
ein Zeichen gelebter Solidarität mit dem jüdischen Volk

NES AMMIM-Bücher dienen dem besseren Verständnis des Judentums und Israels. Jahrhundertelang hat in Kirche und Gesellschaft eine Erziehung stattgefunden, die alles Jüdische – Jüdinnen und Juden, ihre Kultur und Religion – diffamierte und erniedrigte. Sie wurden als minderwertig hingestellt und behandelt. Das führte dazu, sie auszugrenzen und schließlich zu ermorden.

Um dieser Erziehung Einhalt zu gebieten und dieses Denken zu bekämpfen, bedarf es eines radikalen Umdenkens. Diese Umkehr beginnt mit dem Kennenlernen jüdischen Lebens, jüdischer Kultur und Frömmigkeit. Nur aus der Kenntnis erwachsen Verstehen und Achtung. Daher sehen die Dorfmitglieder in NES AMMIM und alle, die diese Siedlung fördern, »in den Juden als *Juden* Brüder und Schwestern im Glauben«. Sie lehnen die christliche Judenmission radikal ab, und zwar prinzipiell und praktisch.

Diesen Zielen dienen die NES AMMIM-Bücher.

NES AMMIM ist eine christliche Siedlung im Norden Israels, zwischen Akko und Nahariya gelegen. Sie entstand zu Beginn der sechziger Jahre. Der Name dieser Siedlung stammt aus der Bibel und heißt »Zeichen für die Völker« (Jes 11,1-12; 49,22; 62,10).

Die Siedlung gründet auf der Erkenntnis, daß Jüdinnen und Juden und Christinnen und Christen an den Einen Gott glauben und so als Geschwister miteinander leben sollen. Der Eine Gott verbindet sie.

NES AMMIM ist ein Ort, wo dieses Miteinanderleben versucht wird. Es ist ein Zeichen gelebter christlicher Solidarität mit dem jüdischen Volk in Land und Staat Israel.

Wer in NES AMMIM lebt,
- nimmt teil an den Sorgen und Nöten, an den Festen und Freuden der Nachbarschaft,
- sucht die Begegnung mit der Bevölkerung,
- lernt, Judentum in seinen verschiedenen Formen kennen und schätzen und
- beginnt, Christlichkeit im Verhältnis zum Judentum neu zu sehen.

Diese Erfahrungen versucht NES AMMIM weiterzugeben, indem es NES AMMIM-Bücher herausgibt.

Wer mehr wissen möchte über NES AMMIM, seine Geschichte, seine Einrichtungen, seine Lebens- und Arbeitsmöglichkeiten, wende sich an eine der folgenden Adressen:

Generalsekretariat des deutschen NES AMMIM-Vereins
Rochusstraße 44
40479 Düsseldorf
Tel.: (02 11) 3 61 02 20
Fax: (02 11) 3 61 02 24

Geschäftsstelle des deutschen NES AMMIM-Vereins
Akazienweg 20
53177 Bonn

Der Talmud – ein Buch des Lebens

Michael Krupp

Der Talmud

Eine Einführung in die Grundschrift des Judentums mit ausgewählten Texten. 256 Seiten. Kt.
Originalausgabe
[3-579-00772-6] GTB 772

Der Talmud, die Grundschrift des Judentums, enthält die Tradition der Gesetzeslehre im Judentum und umfaßt insbesondere Auslegungen, Anwendungen und Weiterbildungen des mosaischen Gesetzes sowie erzählerische Texte.

Michael Krupp erschließt die Kardinaltexte des Talmud und demonstriert gleichzeitig, welchen Wert das Studium des Talmud insbesondere für Christen hat.

Michael Krupp

Die Geschichte der Juden im Land Israel

Vom Ende des zweiten Tempels bis zum Zionismus. 176 Seiten mit zahlreichen Abbildungen und Karten. Kt. Ein NES-AMMIM-Buch.
[3-579-00765-3] GTB 765

»Israel«, »Palästina«, »Land der Juden«: Hinter diesen unterschiedlichen Begriffen, die das Land bezeichnen, im dem heute wieder ein Staat Israel existiert, verbirgt sich auch die Geschichte der Juden in ihrem eigenen Land. Nach christlich-historischem Verständnis endete »der Staat Israel«, als die Juden Jesus nicht akzeptierten und mit dem letzten großen Aufstand der Juden gegen die römische Fremdherrschaft. Mit der Bezeichnung »Provinz Palästina« wollten die Römer die historische Erinnerung der Juden löschen. Geschichtlich hat dieser Raum seit dem Untergang der jüdischen Selbständigkeit in römischer Zeit bis zum Beginn des englischen Mandats keine politische Selbständigkeit gehabt. Dennoch blieb das Land Mittelpunkt der Juden in aller Welt.

Michael Krupp beschreibt den Kampf der Juden um das Verbleiben im Land Israel seit der Zerstörung des Tempels 70 n. Chr bis zum Beginn der zionistischen Bewegung im 19. Jahrhundert.

Gütersloher Verlagshaus

Michael Krupp

Zionismus und Staat Israel

Ein geschichtlicher Abriß. Mit einem Geleitwort
von Helmut Gollwitzer und einem Vorwort von
Teddy Kollek. Ein NES-AMMIM-Buch. 3. Auflage.
224 Seiten mit 2 Karten. Kt.
[3-579-00791-2] GTB 791

Das Buch behandelt die Geschichte des Zionismus
von der Mitte des 19. Jahrhunderts bis zur Staats-
gründung sowie die Entwicklung des Staates
Israels bis zur Gegenwart. Nach einem Überblick
über die Geschichte des jüdische Exils mit seiner
Zionssehnsucht und seinen messianisch schwär-
merischen Rückkehrbewegungen ins Heilige Land
werden die wichtigsten zionistischen Denker des
19. und 20. Jahrhunderts vorgestellt, die jüdische
Siedlungsgeschichte ab 1882 und die politische
Bewegung seit Herzls »Judenstaat« 1896 beschrie-
ben. Als weitere Etappen folgen die Krise des
Ersten Weltkrieges, die Balfour-Erklärung von
1917 und die Zeit der englischen Mandatsherr-
schaft bis 1948. Die Geschichte des Staates Israel
bis in das Jahr 1991 schließt sich an.

Qumran-Texte zum Streit um Jesus und das Urchristentum

Hg. und übersetzt von Michael Krupp.
144 Seiten. Kt.
[3-579-01304-1] GTB 1304

Die Diskussion um die Bedeutung der Qumranrollen, die als exklusiver Wissenschaftstreit
begann, ist längst von einer breiten interessierten
Öffentlichkeit aufgenommen worden. Bislang steht
der aufgeschlossene Laie jedoch relativ hilflos zwischen den unterschiedlichen Positionen. Die hier
vorgelegten, kommentierten Übersetzungen der
wesentlichen Textpassagen aus den Qumranrollen
wollen dazu beitragen, alle an diesem religions-
historischen Thema Interessierten in die Lage zu
versetzen, sich ein eigenes, fundiertes Urteil zu
bilden.

Wenn Engel reisen

Eine Expedition durch Israel. Von Wolf-Rüdiger
Schmidt in Zusammenarbeit mit Rasi Levinas
sowie Dan Bahat, Michael Krupp, Bargil Pixner
und Israel Yaoz. 128 Seiten. Kt.
[3-579-01302-5] GTB 1302

Diese »Expedition durch Israel« stellt all die Orte
vor, die jährlich Hunderttausende fasziniert besu-
chen. Die Konflikte, die Israel kennzeichnen,
werden deutlich spürbar. Eine lebendige Fernseh-
geschichte bildet den Rahmen für Interviews mit
Israel-Experten. Ein kleines »Israel-Lexikon« gibt
kurze und bündige Informationen.

Gütersloher
Verlagshaus